キリスト教の歳時記

知っておきたい教会の文化

八木谷涼子

JN179506

講談社学術文庫

学術文庫版まえがき

キリスト教の祝日といえば、クリスマスを真っ先に思い浮かべる人が多いのではないだろうか。日本でも、早ければ十一月のうちに商店などにツリーが登場し、十二月ともなればクリスマスの装い一色になる。クリスマス商戦という表現もあるほど、経済活動が活発になる時期だ。だがそれも二十五日まで。この日を境に街はあっという間に「迎春」モードに切り替わる。同時期に海外に出た人のなかには、「ヨーロッパではクリスマスをすぎてもツリーが飾ってあるのに驚いた」という感想を抱く人もいるほどだ。だが、一般にキリスト教圏では一月五日、つまりエピファニーの祝日の前夜までが「クリスマスシーズン」とされていて、日本の状況の方がむしろ特殊なのである。

いっぽう、春季のイベントとして近年急速に認知度が高まってきた祭日に、イースターがある。北半球の国々でも春を告げる祭りとして重視されているが、そもそもイースター（復活祭）とは、十字架にかけられたキリストが葬られて三日目に復活したことを祝う、キリスト教最大の祝典だ。

多くのキリスト教会には、一年サイクルの暦がある。先に挙げたクリスマスとイースターを二大起点とし、毎日曜日の礼拝で、あるいは固定した日付の平日において、定められたテーマに沿った聖書の一節を読み、祈りを捧げる。それはイエス・キリストやマリアの生涯を巡る出来事、さらにさまざまな聖人を記念したものであったりする。こうした記念日は、地域の生活文化に溶け込んでいることも少なくない。

本書は、そんなキリスト教の主要な祝祭日や記念日を紹介した本である。一年三百六十五日の聖人を紹介したり、農作業暦と密接に関連した地域ごとの祭り（民間行事を含む）を扱った本は今までにも出ているが、本書では、実際に教会でどんなことを祝っているのかという点に比重を置いてみた。いわば、祝祭日と「行事」の側面からキリスト教を捉えた試みともいえる。また、ローマ・カトリック教会のポピュラーな記念日だけでなく、一般に紹介されることの少ない東方正教会の祝日もとりあげるよう心がけた。

なお、それぞれの記念日の名称や人名は、同じ言語でも教派によって、あるいは時代によって表記が異なっている。本書では見出しには英語読み、あるいは一般的と思われる名称を用い、本文内に可能な範囲で独特な呼称を紹介した。

キリスト教の暦について

「キリスト教」と一口にいっても、その地域や伝統によってさまざまな流れがある。限られた地域だけの記念日もあるので、すべての教会で同じ祝祭日を祝っているわけではない。もっといえば、現時点で、世界中のすべてのクリスチャンが、毎年同一の暦日に祝う祝祭日は存在しない。時差があるからというような理由ではなく、使用している暦（カレンダー）がそもそも違うからだ。

その暦の問題について、最初に簡単に触れておこう。

十六世紀、キリスト教の世界では、二つの大きな出来事があった。ひとつは宗教改革（→宗教改革記念日　10月31日）、もうひとつは暦の改定である。

ユリウス・カエサル（ジュリアス・シーザー）が定めたユリウス暦は、一六〇〇年以上の長きにわたって運用されたが、その間に誤差が積もり積もって十日にも達していた。三月二十一日であるはずの春分が、三月十一日に来ていたのである。のちにイースターの項目で詳しく触れるが、春分の日はキリスト教の祭日の日取りを決める基準点となっており、そのずれは教会にとって重要な問題だった。

そこで暦の大がかりな修正に乗り出したのが、ローマ教皇グレゴリオ十三世である。教皇は、ユリウス暦の一五八二年十月四日（木）の翌日を十月十五日（金）とした。このとき以来、現在に至るまで使われている暦が、グレゴリオ暦と呼ばれる暦である。そのため、キリスト教の世界では「旧暦」といえばユリウス暦、「新暦」はグレゴリオ暦を指す。

ただし、この改定はローマ・カトリック教会がいわば独断で行なったものだった。そのため、カトリック圏以外の地域で受容されるには時間を要し、たとえばプロテスタント国の英国がとり入れたのは一七五二年、ソ連では革命後の一九一八年である。日本では一八七三年に導入、一八九八年にその不備を修正して現行の暦となった。

いっぽうで、いまだにユリウス暦（旧暦）を使いつづけている教会もある。多くの東方正教会では、日常生活上のカレンダーとしてはグレゴリオ暦を使うとしても、教会の行事には旧暦を用いている。二十世紀になって一部の正教会は修正ユリウス暦（→一二一頁）と呼ばれる新しい暦を導入したが、それらの教会でもイースターの日取りだけは旧い暦に従っている。暦と祝祭日について知ることは、キリスト教の幅の広さを知ることにつながるといえるだろう。

ちなみに、十六世紀に十日だった二つの暦のずれは、現在は十三日に達しているため、たとえば、旧暦のクリスマス（十二月二十五日）は、新暦の一月七日に相当する。このずれが十四日に広がるのは、二一〇〇年三月一日からとなる。

なお、キリスト教内部の教派の違いについてさらに詳しく知りたい方は、拙著『なんでもわかるキリスト教大事典』（朝日文庫　二〇一二年）をご覧いただければと思う。

暦と祭日に関する基礎知識

主日　主《しゅ》、すなわちイエス・キリストが復活した日曜日を「主日《しゅじつ》」と呼び、その日に主日礼拝が行なわれる。ふつう、日曜日が週の一番はじめの日とされる。

基準点　暦は一年のサイクルで考え、祝日は日取りが決まった固定祝日と、毎年変わる移動祝日とに分かれる。西方ではクリスマスとイースターを移動祝日の二大基準点とし、東方ではイースターを唯一の基準点とする。

組織と地域単位　制定されている暦は、それぞれの教会組織によって異なる。また、暦や組織は共通していても、地域によって「守るべき祝日」（信者が必ず出席するよう定められた祝日）が違うこともある。祝日同士にも優先順位があり、固定祝日が主日や移動祝日と重なった場合、どちらを優先するかには細かい規定がある。

一日の起算　現代において、暦の一日は真夜中（午前零時）を区切りとする。ただし、日没時から一日を起算するユダヤ教の伝統も尊重されている。そのため、ローマ・カトリック教会では「主日と祭日の祭典は、すでに、前日の夕方から始まる」とし、ほかの教派でも、しばしば「前夜祭」と呼ばれる時間帯に暦日礼拝を繰りあげることがある。

法定休日　キリスト教が根づいている国、とくにローマ・カトリックと正教圏では、宗教上の重要な祭日が世俗的にも休日になっている場合がある。その地域の守護聖人の記念日も同様。

聖人　ローマ・カトリックおよび東方正教会では、聖人と呼ばれる人びとを崇敬する慣習がある。全教会から認められた聖人もいれば、一部のみに知られたローカルな聖人もいる。年ごとに新しい聖人が認定されているため、人数はどんどん増えている。なお、聖人の遺体は腐敗しないと一般に考えられており、聖遺物、すなわち遺体もしくはその断片を聖堂に安置して崇敬する慣習もある。

聖人の祝日　通常は、その人が地上での生を終えた日を祝日（記念日）とすることが多い。その人が天国に入り、聖人となった第二の誕生日として祝い、記念する。命日がはっきりしない場合は、その人に捧げられた聖堂の献堂の日や、聖遺物が安置された日などが記念日となる。なお、正教会では「記憶する」「記憶日」と表現する。

守護聖人　保護の聖人ともいう。聖人を崇敬し、子どもの誕生時（洗礼時）や教会堂の落成時に聖人にあやかった名をつけてその聖人の保護を願うのは、ローマ・カトリック教会および東方正教会の慣習。地域差はあるが、一般にプロテスタントはその慣習をもたない。

新年　とらえ方は教会によって違う。東方正教会は九月一日を新年とし、ほとんどの西方教会はアドベント第一主日を新年とする。

祝う・記念する・記憶する　教会の公同の礼拝で上記のことばが使われる場合は、信者が集まり、その人物や出来事を想起し、祈ることを指す。その礼拝で用いられる式文・祈禱文、読みあげる聖書箇所などはあらかじめ決まっている。

〈キリスト教会の主な流れ〉

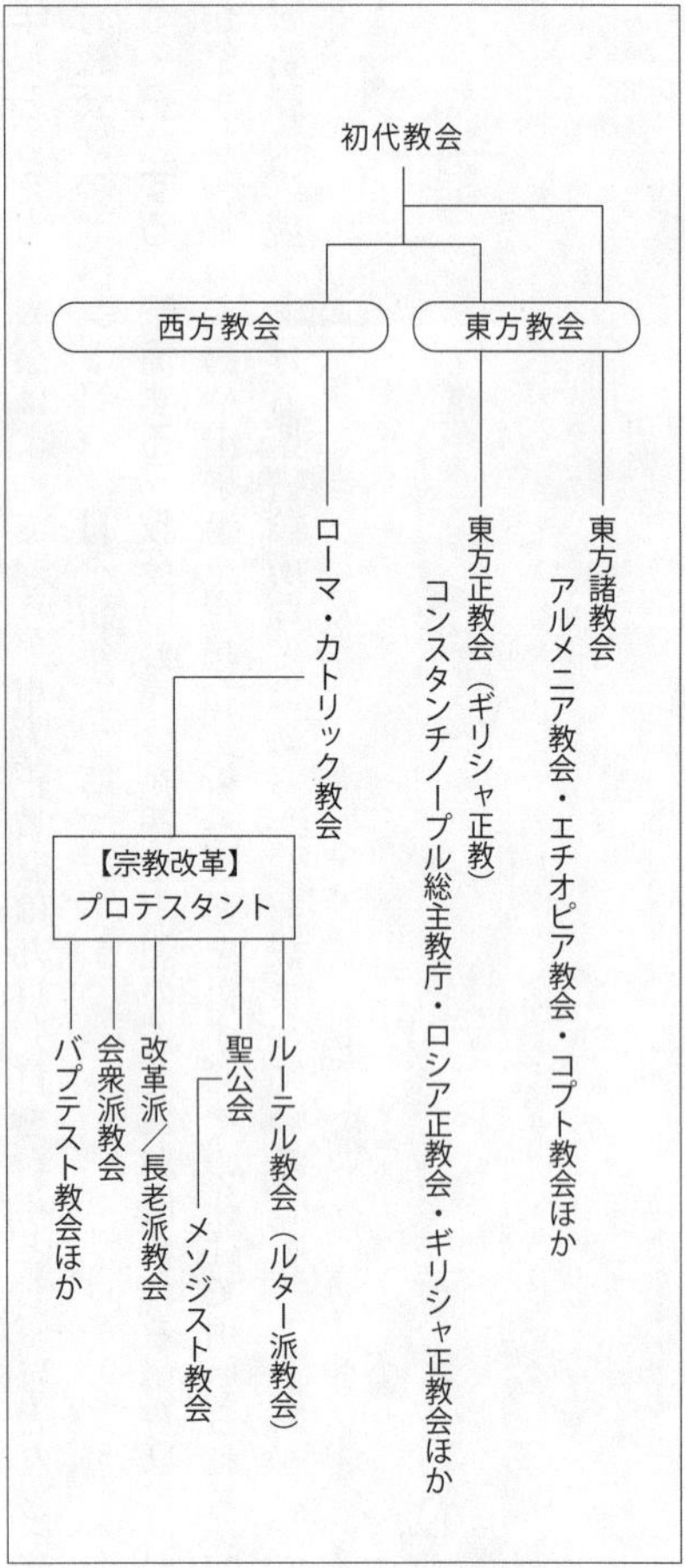
初代教会
西方教会
東方教会
ローマ・カトリック教会
東方正教会（ギリシャ正教）
コンスタンチノープル総主教庁・ロシア正教会・ギリシャ正教会ほか
東方諸教会
アルメニア教会・エチオピア教会・コプト教会ほか
【宗教改革】
プロテスタント
ルーテル教会（ルター派教会）
聖公会
メソジスト教会
改革派／長老派教会
会衆派教会
バプテスト教会ほか

目次

キリスト教の歳時記

学術文庫版まえがき　3
凡例　21
十二月……………………………………………………………………25
◆アドベント第一主日　26
◆聖フランシスコ・ザビエルの日（12月3日）　29
◆聖ニコラウスの日（12月6日）　31
◆無原罪の聖マリアの日（12月8日）　35
◆聖母グアダルーペの日（12月12日）　38
◆聖ルシアの日（12月13日）　40
◆喜びの主日（アドベント第三主日）　42
◆使徒聖トマスの日（12月21日）　44
◆クリスマス（12月25日）　46
◆最初の殉教者聖ステファノの日（12月26日）　56
◆福音記者・使徒聖ヨハネの日（12月27日）　59
◆幼な子殉教者の日（12月28日）　62
◆聖シルヴェストロ一世教皇の日（12月31日）　64

一月 …… 67

◆主《しゅ》の命名日／神の母聖マリアの日（1月1日） 68
◆エピファニー（1月6日） 71
◆主の洗礼日（かつては1月13日、現在はエピファニー直後の日曜日） 78
◆聖アグネスの日（1月21日） 79
◆聖パウロの回心日（1月25日） 80

二月 …… 85

◆キャンドルマス（2月2日） 86
◆聖アガタの日（2月5日） 88
◆日本二十六聖人殉教者の日（2月5日） 90
◆聖パウロの難破日（2月10日） 92
◆ルルドの聖母の日（2月11日） 93
◆聖ヴァレンタインの日（2月14日） 96
◆使徒聖マティアの日（2月24日） 99

三月……101
◆聖デイヴィッドの日（3月1日）102
◆世界祈禱日（3月第一金曜日）103
◆聖パトリックの日（3月17日）105
◆聖ヨセフの日（3月19日）107
◆受胎告知日（3月25日）111
◆オレンジとレモンの日（3月31日）114
イースターと移動祭日および四月……117
◆イースターと移動祭日 118
◆カーニバル／謝肉祭（灰の水曜日に先立つ数週間―前日）123
◆西方教会のレント 126
◆灰の水曜日（イースターの四十六日前）126
◆東方教会の大斎《おおものいみ》 133
◆レント第四主日 137
◆聖週間（受難週）140
◆枝の主日 140

◆聖木曜日（洗足《せんそく》木曜日） 144
◆聖金曜日 148
◆聖土曜日 150
◆イースター（復活祭） 151
◆聖ゲオルキスの日（4月23日） 159
◆福音記者・聖マルコの日（4月25日） 162

五月……………………………………………………………………165

◆労働者ヨセフの日（5月1日） 166
◆使徒聖フィリポ・使徒聖ヤコブの日（5月3日） 168
◆母の日（5月第二日曜日） 170
◆聖イシドロの日（5月15日） 172
◆聖キリルと聖メソディウスの日（5月24日） 174
◆聖母の訪問日（5月31日） 177
◆主の昇天日（イースターから四十日目の木曜日） 179
◆ペンテコステ（イースターから五十日目の日曜日） 180

六月……185
◆三位一体《さんみいったい》主日（ペンテコステの翌日曜日） 186
◆キリストの聖体日（三位一体主日直後の木曜日、または日曜日） 187
◆イエスのみこころの日（キリストの聖体日の翌金曜日） 190
◆子どもの日・花の日（6月第二日曜日） 192
◆使徒聖バルナバの日（6月11日） 194
◆洗礼者聖ヨハネの誕生日（6月24日） 196
◆使徒聖ペトロ・使徒聖パウロの日（6月29日） 202
七月……207
◆聖キリアンの日（7月8日） 208
◆マグダラの聖マリアの日（7月22日） 209
◆使徒聖ヤコブの日（7月25日） 212
◆聖クリストフォルスの日（7月25日） 214
◆聖ヨアキムと聖アンナの日（7月26日） 216
八月……221

◆聖ペトロの鎖記念日（8月1日）222
◆収穫感謝日（8月1日）222
◆主の変容日（8月6日、または灰の水曜日直前の主日など）223
◆聖ラウレンチオの日（8月10日）225
◆聖母被昇天日／生神女就寝祭（8月15日）227
◆聖イシュトバーンの日（8月16日）232
◆使徒聖バルトロマイの日（8月24日）234
◆洗礼者聖ヨハネの殉教日（8月29日）235

九月……………………………………………239

◆聖母マリアの誕生日（9月8日）240
◆十字架称賛日（9月14日）241
◆福音記者・使徒聖マタイの日（9月21日）244
◆聖ヴァーツラフの日（9月28日）245
◆大天使聖ミカエルの日（9月29日）248

十月……253
◆生神女庇護《しょうしんじょひご》祭《さい》（10月1日）254
◆幼いイエスの聖テレジアの日（10月1日）255
◆世界聖餐日（10月第一日曜日）258
◆アッシジの聖フランシスコの日（10月4日）259
◆スウェーデンの聖ビルギッタの日（10月8日）263
◆福音記者・聖ルカの日（10月18日）264
◆使徒聖シモン・使徒聖ユダの日（10月28日）266
◆宗教改革記念日（10月31日、または直前・直後の日曜日）268
◆ハロウィーン（10月31日）270
十一月……273
◆諸聖人の日（11月1日、または直後の主日）274
◆死者の日（11月2日）276
◆ラテラン教会の献堂日（11月9日）278
◆聖マルチノの日（11月11日）280
◆聖マリアの奉献日／生神女進堂《しょうしんじょしんどう》祭《さい》（11月21日）283

◆王であるキリストの主日（アドベント直前の日曜日） 285
◆かき混ぜの主日（アドベント直前の日曜日） 285
◆使徒聖アンデレの日（11月30日） 287

■コラム・表

〈キリスト教会の主な流れ〉 10
〈教会のクリスマス礼拝時間〉 54
〈イースター日付対照表［2016-2045］〉 122
〈西方の四旬節（レント）は本当に四十日間？〉 130
〈西方にレントの準備期間はある？〉 132
〈祝祭日にちなんだ言いまわし〉 206
〈動物の祝福をする日〉 262
〈聖名《せいな》祝日〉 290
〈ひと昔前のスウェーデンの子どもの暮らし〉 291
〈現代的な守護聖人は？〉 295

付録

教会の暦と聖人　Q&A　297
西方教会の期節と祭色　308
プロテスタント教会の暦・行事例　311
教会カレンダーの例　312
聖人のシンボル　315
平凡社新書版あとがき　317
講談社学術文庫版あとがき　319
参考文献　321
英和対照表　334
本書で取り上げた項目一覧　338

凡例

一．本書に出てくる用語の使い分けは以下の通り。

　期節＝教会暦におけるシーズン

　季節＝一般的な意味のシーズン

　主日《しゅじつ》＝キリストが復活した日である日曜日

　祭日＝祝祭日中、とくに盛大に祝われる大祝日

　祝日＝祭日以外の祝祭日

一．項目名の次に、どの教派で祝っているかを簡単に示す印をつけた。厳密な分類ではないので参考程度に見ていただきたい。略号の意味は、以下の通り。

希正＝ギリシャ正教会／露正＝ロシア正教会／RC＝ローマ・カトリック教会／聖公＝聖公会／ルタ＝ルター派（ルーテル）教会／プロ＝右以外のプロテスタント教会

◎＝とくに重要な祭日／○＝祝日／△＝時代と地域によっては祝日／×＝祝日ではない

〈黄金〉＝十三世紀に成立した『黄金伝説』に記載のあることを示す

一．聖書の引用、および登場する人名は一部を除き新共同訳に準拠した。ローマ教皇名はカトリック中央協議会公式サイトの歴代教皇リストの表記を参考とした。

一．引用した聖書の出典を示す章や節の数字は、章だけ漢数字で表示した。例＝ルカ二十

四・13―35＝『ルカによる福音書』第24章13節から35節。

一・聖公会と正教会ではマリアではなくマリヤの表記を用いるが、本書では（式文の引用箇所以外）マリアで統一した。

一・「中華圏では」と断って紹介した漢字表記は、香港と台湾の天主教教會、聖公會、正教會、長老教會、衛理公會（メソジスト）、路德會（ルーテル）などで現在使われている繁体字表現に近い漢字を当てている。

キリスト教の歳時記

知っておきたい教会の文化

本文イラスト・八木谷涼子

十二月 December

St. Nicholas of Myra

暦の紹介は、一月ではなく十二月から始めてみたい。これにはもちろん理由がある。十二月は、ローマ・カトリック教会やルター派教会、聖公会など、**西方教会**という枠組みに属する教会において、教会暦が新たになる月だからだ（年によっては十一月下旬にかかる場合もある）。アドベント第一主日と呼ばれる日曜日が、西方教会の新年に当たる。

◆アドベント第一主日 First Sunday in Advent

希正× 露正× RC○ 聖公○ ルタ○ プロ△ 〈黄金〉

全能の神よ、み子イエス・キリストはわたしたちを顧み、謙遜なみ姿でこの世に来られました。どうか今、闇の業《わざ》を捨てて、光のよろいを着る恵みを与え、終わりの日に生きている人と死んだ人を審《さば》くために栄光をもって再び来られる時、永遠の命によみがえらせてください。（日本聖公会祈祷書）

教会の暦の最初にくるアドベントは、一番早い年で十一月二十七日、遅い年でも十二月三日に始まる。十一月三十日の**使徒聖アンデレの日**、もしくはそれに一番近い日曜日がアドベント第一主日、と定められているからだ（厳密には、その日曜日の前晩の祈りから始まる）。従って、十二月二十五日の**クリスマス**（**降誕祭**）の前に、必ず四回の日曜日がめぐってくる。

アドベントの語はラテン語のadventusから来ており、到来すなわちキリストの降臨という意味だ。ローマ・カトリック教会やルター派教会では**待降節**、聖公会では**降臨節**、中華圏では將臨期という。五世紀の後半にクリスマス前の断食期間として制定された当時は、十一月十一日の聖マルチノの祝日をその開始日としていた。期間が四週間となったのは、教皇グレゴリオ一世（在位五九〇―六〇四）の時代と考えられている。

アドベントの時期は第一に、過去における主イエスの降臨を思い起こし、クリスマス（降誕祭）の祝いに備える。第二に、未来における主の降臨を待ちながら、心の準備を整える。ローマ・カトリック教会、聖公会、ルター派などの教会においては、祭色に悔い改めや慎みを示す紫色が使われ、祭壇や聖書朗読台に飾るカバーや、司祭の祭服なども紫になる。また、アドベント第二主日から第四主日までは、礼拝中に「大栄光の歌（グロリア）」を歌わない。この期節は、主の降誕の前晩の祈りの前、すなわち二十四日の夕刻をもって終了する。かつてローマ・カトリック教会では、二十四日を大斎《だいさい》とし、食べ物の節制を行なっていた。

この時期に欠かせない飾りは、モミやヒイラギといった常緑樹の枝や葉などを丸く編み、四本（もしくは五本）のロウソクを立てたリースである。英語ではアドベント・リース（Advent Wreath）というが、日本ではドイツ語ふうにアドベント・クランツと呼ぶことが多い。最初の日曜日に一本、次の日曜日にはまた一本と、毎週ロウソクに火を灯していくことで、「世の光」たるキリストの到来を待ち望む。教会堂はもちろん、一般家庭においても飾られ、ヨーロッパの街の花屋には色とりどりのアドベント・クランツが並ぶ。

この時期、子どもたちの楽しみは、アドベント・カレンダーと呼ばれる暦を毎日開くこと。紙製や布でつくったものなどタイプはいろいろあるが、一から二十四（もしくは二十五）まで、数字の入った小さなポケットや窓がついているのが基本だ。その日と同じ数字の窓を開けると、なかにはかわいいイラストが描いてあったり、お菓子が入っていたりする。窓が全部開いたとき、楽しいクリスマスがやってくるわけだ。

なお、東方の教会にはアドベントという考え方はない。

しばらくつづけて教会に通い、礼拝を通じてキリスト教を知りたいという方は、まずこのアドベントの時期に行ってみることをおすすめしたい。もうひとつのおすすめは、聖週間とイースターの時期である。

◆聖フランシスコ・ザビエルの日（12月3日）Saint Francis Xavier

希正×　露正×　RC○　聖公△　ルタ△　プロ×

「東洋の使徒」と呼ばれ、日本にはじめてキリスト教を伝えたイエズス会の宣教師を記念する日。本書にとりあげた聖人のなかで、ザビエルは間違いなく日本人にもっともよく知られた人物だろう。「日本宣教の保護者」としてわが国のローマ・カトリック教会では祝日となっており、一九四九年と一九九九年にその聖腕（遺体から切りとった右腕の一部）がローマから運ばれ、日本各地で巡回顕示された。ザビエルはバスク語で「新しい家」の意味で、表記にはシャビエル、ハビエル、ザベリオ、サベリヨ、ザヴエリヨ、ザヴィアー、クサーヴァー、グザヴィエ、沙勿略などがある（山口県のカトリック教会ではサビエルと呼ぶ）。名のフランシスコについてはアッシジの聖フランシスコの項目参照（↓10月4日）。

ザビエルは一五〇六年、スペイン・バスク地方（ナバラ王国）の貧しい貴族の家に五人兄弟の末子として生まれた。パリ大学で哲学を学んでいるとき、同じバスク人のイグナチオ・デ・ロヨラと出会い、イエズス会の創設に参加。司祭叙階後、一五四一年にポルトガル国王の援助を受けて東洋宣教に旅立つ。翌年インドのゴアに到着し、当地で宣教活動に従事した。マラッカで日本人ヤジロウと出会ったことをきっかけに、日本宣教を決意し、一五四九年八月十五日（天文十八年七月二十二日）鹿児島に上陸。島津貴久公に謁見して、日本におけるキリスト教の宣教許可を得た。二年三ヵ月の滞在中、平戸、山口、大分で宣教を行ない、約七百名に洗礼を授けたといわれる。

その後中国上陸を志すも、病に倒れ、一五五二年のこの日に広東沖の上川《サンチヤン》島でその生涯を終えた。遺体はインドのゴアに移されて、現在もそこに安置されている。一六二二年、教皇グレゴリオ十五世により、イグナチオとともに列聖された。二〇〇二年には、使徒聖トマス（↓12月21日）来印千九百五十周年と聖フランシスコ・ザビエル帰天四百五十周年の記念祭がインドのケララ州のエルナクラムで行なわれている。日本、中国、ボルネオ島、東インド諸島、モンゴル、インド、オーストラリア、ニュージーランド、スペインのナバラ地方などの守護聖人。宣教に携わる者すべて、旅する者、航海士、伝染病患者も彼の庇護を受ける。ザビエルの出身地であるナバラ州では、十二月三日を公休日としている。イエズス会が創設した日本の上智大学も、この日はザビエル祭として全学休業になる。また、ザビエル日本上陸の日（八月十五日）には鹿児島市内で記念行事が行なわれている。

◆聖ニコラウスの日（12月6日）Saint Nicholas of Myra

希正○　露正○　RC○　聖公○　ルタ△　プロ×　〈黄金〉

サンタクロースのイメージ形成の一役をになった、ミュラ（現在のトルコ国内）の司教を記念する日。とくに北ヨーロッパでは、子どもたちに人気の高い祝日である。その名はギリシャ語で「勝利する人びと」の意をもち、表記には、ニコラス、ニコラオ、ニコラ、ニコライ、クラウス、ニコル、ミコライ、尼格老、尼各老、尼哥拉、尼閣、禰格などがある。ニコールは女性形。

聖ニコラウスにはいくつかの伝説がある。身売りされかけた貧しい三姉妹のため、干してあった靴下のなかに金貨の袋を入れて施しをした。これが、プレゼントを靴下や長靴に入れておくという慣習につながった。欧米の質屋の店先に金の玉（袋）が三つ描かれた看板がかかっているのも、同じ物語が典拠となっている。また、殺されて塩水入りのたらいに漬けられていた少年三人を、奇跡的に生きかえらせたという言い伝えもある。三四六年頃にミュラで亡くなり、六世紀には、ユスティニアヌス大帝が彼に献じた最初の教会をコンスタンチノープル（現イスタンブール）に建てている。

ヨーロッパの一部の地方、とくにドイツ、スイス、オーストリア、ベルギー、オランダ、チェコなどでは、この日の前晩か当日、司教姿の聖ニコラウスが子どもたちをたずね、良い子にはおもちゃやお菓子を配ることになっている。悪い子に対しては、お供（悪魔や冬の精霊たち）のムチとか、石や炭のプレゼントが待っている。そのため、この日が近づくと子どもたちは神妙に家の手伝いをしたり、聖ニコラウスに乞われたときのため、歌の練習やお祈りの暗唱に励む。ある地域では、子どもたちがプレゼントを受けとるのは一年でこの日だけ。また別の地域では、この日とクリスマスの二回、贈り物を手にする幸運な子どもたちもいる。

オランダでは、十一月になると聖ニコラウスのイベントが大々的に繰り広げられる。スペインから船に乗ってやってきたという設定の聖ニコラウスが、黒ピートという従者を連れてオランダ中を練り歩き、子どもたちに贈り物を配る。クライマックスとなるのは前晩の五日で、オランダではクリスマスよりもこの日の前晩にプレゼント交換をする家庭の比率が高いという。あのアンネ・フランクの日記にも、十二月五日の晩に、アムステルダムの隠れ家潜伏に協力してくれている人たちと贈り物を交換したことが記されている（アンネの一家はユダヤ教徒だったため、キリスト教の聖人でアムステルダム市の守護聖人でもある聖ニコラウスの日を祝ったのはこのときがはじめてだった）。地域によっては、この日が来るまで一切クリスマスの装飾を行なわない。なお、一般に、この日までにクリスマスカードを出すのが望ましいとされている。

聖ニコラウスをオランダ式に発音するとシンタークラアス（Sinter Klaas）となるが、オランダ移民たちがこの風習をアメリカに伝えたときに、なまってサンタ・クロース（Santa Claus）となり、さらに本の挿絵や詩、広告などで現在見るサンタクロースのイメージが形づくられていった。

ヨーロッパの聖ニコラウスの祝祭には、この聖人本人の伝承のほか、ゲルマン神話のオーディンや、冬の精霊たちが融合されている。とくにアルプス地方には、古くからの習俗を伝える仮面行事が今も残されており、長い冬の息抜きとなる地域共同体の祭りであるとともに、貴重な観光資源にもなっている。また、この聖人が怖いお供を連れている点は、よく日本の秋田のなまはげと比較されるところだ。

中世から十九世紀にかけてのヨーロッパでは、聖ニコラウスの日にまた別の風習があった。教会の聖歌隊や学校などから選ばれた少年司教（Boy Bishop）が、司教冠をかぶり杖をもち、いわば「一日司教」の役を演じるものだ。ただし、この役目は一日ではなく二十八日の幼な子殉教者の日までつづき、その日の礼拝で説教を行なった少年司教は、礼拝後に聖歌隊のお供を連れて家々を回り、歌をうたって心づけを受けとった。この風習はとくにイングランドとドイツで盛んだったが、前者では十六世紀、後者では十八世紀頃に廃止となった。だが、近年になって両国の一部の教会で復活。イングランドのヘレフォード大聖堂では一九八二年以来の恒例行事として、教会附属学校や聖歌隊から選ばれた少年主教による夕べの祈りが聖ニコラウスの日に近い主日の午後に行なわれている。

この行事は、クリスマスシーズンの罪のない気晴らしであるとともに、「秩序をひっくり返す」という意味で、祭りのあいだ奴隷と主人がその立場を入れ替えたという古代ローマのサトゥルヌス祭（↓12月25日）の精神を踏襲しているともいえる。なぜこの日に行なうかについては、聖ニコラウスが少年の守護聖人であること、また、ニコラウス自身が若くして司教に選ばれたことが関係しているようだ。

聖人の地元であるトルコのデムレ（ここがかつてのミュラとされる）にある聖ニコラウス教会でも、この日祭が行なわれる。南イタリア・プーリア州のバーリには聖ニコラウスのものとされる十一世紀の聖遺物があり、それが町に到着した日を記念して、毎年五月上旬に、聖人の像を運んで練り歩く「聖ニコラ祭」が行なわれている。ほかに、ギリシャやロレーヌ地方、ロシア、シチリアなどが聖ニコラウスを守護聖人としている。東京神田のニコライ堂（通称）にその名を残すロシア出身の聖ニコライ大主教は、幼名をイオアン（ヨハネ）といったが、修道士になったときにこの聖人（ロシア読みでニコライ）の名前を受けた。

子どもや独身女性、花嫁や花婿のほか、貧者、巡礼者、旅人、質屋、商人、薬剤師、パン屋、樽製造人、船員、靴磨き、酒造家、港湾労働者、裁判官、学者、香水製造者の守護聖人。変わったところでは、人を殺した者、泥棒、囚人、不当に敗けた訴訟人の守護者でもある。

◆無原罪の聖マリアの日（12月8日）

The Immaculate Conception of the Blessed Virgin Mary

希正×　露正×　RC◎　聖公△　ルタ×　プロ×　〈黄金〉

罪の汚れなき　浄《きよ》き御母《みはは》こそ　天《あま》つ御国《みくに》に　入《い》るる門《かど》なれ
此上《こよ》なく慶《めで》たく　聖寵《めぐみ》に満ちたる　御母マリアを　いざ讃《ほ》め歌はん
（公教会聖歌集・祈禱文　一九二〇年　光明発行所）

聖母マリアが無原罪のまま母アンナ（→7月26日）の胎内に宿ったことを記念する、ローマ・カトリック教会の祭日。イエスの母の名マリアはキリスト教圏でもっともポピュラーな女性名で、マリヤ、メアリー、メリー、マリー、マリーア、マリエなど表記は数多い。スペイン語圏では男性にもセカンドネームとしてそのまま用いられるし（たとえばホセ・マリア）、イタリアでは男性形マリオがよく使われている。旧約聖書にも登場するヘブライ名ミリアム（モーセの姉の名）と同じルーツを持つ。意味には諸説があり、そのなかには「海の星」「待望の子」「最愛の」といったものがある。中華圏では馬利亞もしくは瑪利亞と表現し、この日は聖母始胎無染原罪（聖母無原罪始胎）の節日という。東西教会ではマリアの誕生日を九月八日としており、そのちょうど九ヵ月前に当たる。

エデンの園を追われたエバ（創世記）の子孫である女性たちは、すべて原罪をもって生まれてくる。だが、マリアは女性のなかでただひとり、その母アンナのなかに宿った最初の瞬間から、原罪のすべての汚れから保護されていた。これが、「無原罪の御宿り《おんやど》」の教義である。この考えは初代教会の教父たちの教えにも見られるが、東方教会では西方教会と原罪の理解が異なるため、これが受け入れられることはなかった。西方では七世紀からこの祝日が知られており、ナポリでは九世紀、イングランドでは十一世紀の前半に広く祝われるようになった。十二、三世紀にはこの教義をめぐって論争が起こり、とくにフランシスコ会とドミニコ会との論戦はよく知られている。一七〇八年には教皇クレメンス十一世が全教会の祝うべき祝日とし、最終的に一八五四年のこの日に教皇ピオ九世が公認して、ローマ・カトリックの信仰箇条となった。

一八五八年にはフランスのルルドで少女ベルナデッタの前に聖母が出現し（↓2月11日）、自らの「無原罪の御宿り」に言及したという。カトリック教会において、マリアは「しみやしわやそのたぐいのものは何一つない、聖なる、汚れのない、栄光に輝く教会」（エフェソ五・27）になぞらえられる存在であり、十二月八日はその教会の誕生を準備する意味も込められている。

この日を法定休日にしている国には、イタリア、オーストリア、スペイン、スイスの一部、マルタ共和国、リヒテンシュタイン、アルゼンチン、ペルー、コロンビア、チリ、パラグアイなどがある。アルゼンチンでは十一月後半からこの日まで、無原罪の聖母祭が広範囲で祝われる。パナマではこの日が母の日だ。

イングランド聖公会では、一九二八年と二〇〇〇年版祈禱書の小祝日リストにおとめマリアの懐妊（Conception of the B. V. Mary）が入った。東方教会では、この翌日にマリアの両親ヨアキムとアンナ、そしてアンナによるマリアの懐胎（Conception by St. Anna of the Most Holy Theotokos）を祝う。ロシアでは、とりわけ懐妊中の女性から大切にされている祝日である。

◆聖母グアダルーペの日（12月12日）Our Lady of Guadalupe

希正×　露正×　RC○　聖公×　ルタ×　プロ×

ローマ・カトリック三大奇跡のひとつで、メキシコの守護聖女である聖母グアダルーペの大祭の日。この日、メキシコシティーではパレードや祝宴が行なわれ、聖母を祀ったグアダルーペ聖堂は国内外からの巡礼者で埋めつくされる。グアダルペとも表記する。

聖母の由来は、アステカ王国がスペイン人によって滅ぼされた十年後の一五三一年にさかのぼる。当時、まだ先住民の間でキリスト教に改宗するものは少なかった。伝承によると、その年の十二月、テペヤック（現在のメキシコシティー北部）において、ファン・ディエゴというインディオの前に褐色の肌の聖母が現れ、テペヤックの丘に聖堂を建立するよう司教に伝えなさい、と命じた。だが、司教はディエゴの話を信じない。すると、聖母が再度ディエゴの前に現れて奇跡を行ない、冬に咲くはずのないバラの花を与えた。ディエゴがそのバラをマントに包んで司教の元に運び、マントを開くと、そこに聖母の姿が浮かび上がったという。この奇跡後ほどなくして、六百万人の先住民が洗礼を受けたと伝えられる。

浅黒い肌に黒髪の聖母の姿は、ローマ・カトリックでも異彩を放つ存在だ。一七四五年、バチカンによって、公式に奇跡と認められた。この〝奇跡〟の真偽については議論もあり、先住民の改宗を促進する意図でスペイン人が考案したとする見方や、ディエゴの実在自体を疑問視する向きもある。だが、ローマ教皇ヨハネ・パウロ二世はこの奇跡を受け入れ、一九九九年にはファン・ディエゴを列福し、さらに二〇〇二年には自らメキシコシティーのグアダルーペ聖堂に赴き、ディエゴを聖人の群れに引きあげた（祝日十二月九日）。生粋のメキシコ先住民としては、はじめての列聖となる。今日でもディエゴのマントは、グアダルーペ聖堂に展示されている。

アメリカ大陸に住む者を守護する。メキシコではこの日は信者の守るべき祝日であり、法定休日でもある。メキシコ国内やメキシコ系住民の多く住む地域の教会では、大勢の信徒が集まって、聖母の出現を祝う。メキシコとの国境に面したアメリカ・テキサス州エルパソでも、この日、グアダルーペの聖母を描いた劇が上演される。

なお、聖母にまつわる三大奇跡のあとの二つは、フランスのルルドにおける出現（→2月11日）、そして一九一七年のファティマ（ポルトガル）における出現である。

◆聖ルシアの日（12月13日）Saint Lucy (Lucia) of Syracuse

希正○　露正○　RC○　聖公△　ルタ△　プロ×　〈黄金〉

四世紀初頭に殉教した聖女を記念する日。ルシア（Lucia）とは、ラテン語で「光(lux)」あるいは「光をもたらす者」の意味である。十三日は旧暦で冬至の日とされており、暗闇に光をもたらす聖女の到来は、クリスマスの祝祭の始まりとして、とくに北欧のスウェーデンで盛大に祝われる。ルシアのほか、ルーシー、ルチア、ルチヤ、露西、路濟亞の表記もある。

ルシアはシチリア島シラクサの裕福な家に生まれ、母とふたりで暮らしていた。母の決めた異教徒の婚約者があったが、病気の母のため聖アガタの墓に巡礼したところ、母の病が癒やされた。これをきっかけに、結婚せず神に生涯を捧げようと決心するが、これを恨んだ婚約者にキリスト教徒であることを密告される。捕らわれの身となったとき、拷問によって眼をくりぬかれたと伝えられていることから、絵画などでは、二つの目を入れた皿をもった姿で描かれることもある。ローマでは早くから崇敬され、六世紀には信仰の擁護者としてその名が知れ渡った。

民謡「サンタルチア（Santa Lucia）」で歌われるナポリの街および港の名サンタルチアは、もちろんこの聖女にあやかってつけられたもの。イタリアのペルージャとシラクサの守護聖人。目の不自由な人のほか、乙女、作家、ステンドグラス職人、労働者、刃物職人、殉教者、農民、馬具製造人を守る。また、喉を剣でつかれて死んだと伝えられるところから、喉の病、出血や赤痢のときにもこの聖女に祈る。

スウェーデンでは、この日、家庭はもちろん、学校やオフィスなどにも大勢のルシアが出現する。純白のドレスに赤い帯、ロウソクをたてた緑の冠をかぶった少女が、お盆にのせたコーヒーとジンジャー入りのビスケット、サフラン入りのパンなどを人びとに配る。また、男の子たちも銀の星をつけたトンガリ帽子に白の長服という扮装で、ルシアたちのあとにつき、「サンタルチア」やクリスマスソングをうたいながら町まちを練り歩く。こうした風習は比較的新しく、十九世紀から始まったもので、スウェーデン全土に広まったのは一九二〇年代以降だという。隣国フィンランドの一部でも、ルシア祭が祝われている。

祭に先立つ十二月十日にはノーベル賞の授賞式が行なわれるため、ストックホルムに受賞者たちが集まるが、十三日の早朝には、ルシアに扮した少女がお盆に朝食をのせて受賞者たちの泊まるホテルの部屋を訪れることになっている。二〇〇二年にノーベル化学賞を受賞した田中耕一氏も、ルシアの訪問を受けた。

ルシアを守護聖人とする西インド諸島セントルシアでは法定休日。

◆喜びの主日（アドベント第三主日） Third Sunday in Advent; Gaudete Sunday; Rejoice Sunday

希正×　露正×　ＲＣ○　聖公○　ルタ△　プロ×

アドベントの期間も半分をすぎて、節制を守っていた西方教会の人びとがほっと一息つく日曜日。

この日はガウデテの主日、別名「喜びの主日」と呼ばれている。その由来は、この日のローマ・カトリック教会のミサの入祭唱が「主にあっていつも喜べ」で始まることにある。ラテン語では“Gaudete in Domino semper!”、英語では“Rejoice in the Lord always!”、新約聖書『フィリピの信徒への手紙』第四章四節からとられた句だ。

主において常に喜びなさい。重ねて言います。喜びなさい。あなたがたの広い心がすべての人に知られるようになさい。主はすぐ近くにおられます。

（フィリピ四・4—5）

アドベントの祭色は紫のため、当然この期間は司祭も紫色の祭服を用いるが、この日だけはバラ色やピンクを使うことができる。そのため、「バラ色の主日（Rose Sunday）」という呼び名のほうがいまではポピュラーとなっている。ローマ・カトリック教会のほか、聖公会、ルター派教会でもこの日にバラ色の祭服を使う教会がある。とくにバラ色の祭服はもたない教会でも、アドベント・リースに立てる四本のロウソクのうち、三本を紫に、一本をピンク色にする慣習はまだまだ健在だ。アドベント中にはオルガンを奏したり祭壇に花を飾ることを避けるしきたりがあるが、この日だけはそれが許されることになっている。

なお、レント第四主日も「喜びの主日」（バラ色の主日）と呼ばれている。

◆使徒聖トマスの日（12月21日）Saint Thomas the Apostle

希正○　露正○　RC○　聖公○　ルタ○　プロ×〈黄金〉

永遠にいます全能の神よ、あなたは福音の証《あかし》をますます堅くするため、使徒聖トマスにみ子のよみがえりを疑うことを許されました。（日本聖公会祈祷書）

十二使徒のひとり、トマスを記念する祝日。三つの福音書では、十二使徒の一員として名前が登場するだけだが、『ヨハネによる福音書』にはやや詳しい記述がある。別名ディディモ（ギリシャ語で「双子」の意）といい、復活したイエスが使徒たちの前に姿を現したとき、ただひとりその場に居合わせなかったため、最初はその復活を信じず、「あの方の手に釘の跡を見、この指を釘跡に入れてみなければ、また、この手をそのわき腹に入れてみなければ、わたしは決して信じない」（ヨハネ二十・25）と言った。そのため「不信のトマス（doubting Thomas）」とも呼ばれ、「聖トマスのような人」といえば、確証が持てるまで容易に信じない、疑り深い人をいう。絵画の世界では、イエスのわき腹に指を入れる場面がよく主題になっている。表記には、トーマス、タマス、トマ、トマーゾ、トマーシュ、フォマ、多馬、多瑪、多默、托馬斯などがある。タムシン、トマシナは女性形。

トマスはシリア起源の文献においてはユダ・トマス（Judas Thomas）と呼ばれることが多く、イエスの「双子の兄弟」とする文書もある。伝承によれば、シリアのエデッサ、パルティア（現イラン北部）、インドに福音を伝えた。トマスのインド伝道を描いた外典『使徒ユダ・トマスの行伝』によれば、当地で槍に胸を突かれて殉教したという。現在「トマス派」（マラバル教会）と呼ばれる南インドの教会は、この使徒トマスを創設者と仰いでいる。なお、外典『トマスによるイエスの幼時物語』『トマスによる福音書』のトマスは、この使徒とは別人と見なされている。

インド、パキスタン、スリランカ、東インド諸島の守護聖人。建築家、建築にかかわる労働者や技術者、指物師、盲人、石工、幾何学者、疑念のなかにある人の守護者でもある。

トマスの祝日は教会によって異なり、かつてのローマ・カトリック教会と聖公会の一部では十二月二十一日、現在のカトリックやイングランド聖公会、マラバル教会では七月三日、そして東方正教会では十月六日となっている。正教会ではほかにもイースター後の第一日曜日を「聖使徒フォマの主日」とし、最初は主の復活を疑ったトマスが「信じる者」に変えられたことを記念する。

なお、天文学的な冬至はトマスの日である十二月二十一日か、翌二十二日に訪れる。

◆クリスマス（12月25日）Christmas Day; The Nativity of Our Lord Jesus Christ

希正◎　露正◎　RC◎　聖公◎　ルタ◎　プロ◎　〈黄金〉

きょう　あなたがたは、救い主の訪れを知る。
また、あしたには　その栄光を見る。
（カトリック教会ミサ典礼書　主の降誕前晩のミサ　入祭唱）

イエス・キリストの降誕を記念する祭日。**主の降誕**、**降誕日**ともいう。キリスト教会にとっては、イースターに次いで重要な祭日であるとともに、宗教を問わず多くの地域で祝われている世界的な祝日となっている。

各国の言葉を見てみると、まず英語では、キリストの祭日《ミサ》を意味するCristes maesse からクリスマス（Christmas）の語ができた。ドイツ語の Weihnacht（en）は「聖なる夜」の意味。フランス語のノエル（Noël）、スペイン語のナビダ（Navidad）、イタリア語のナターレ（Natale）などは、ともにラテン語の「誕生日（natalis）」を語源とする言葉だ。スウェーデン語のユール（Jul）には、「大きな祭り」「太陽とロウソクの明かり」の意味がある。中華圏では耶穌聖誕節とか救主聖誕日、我主誕生日、その前夜は聖誕夜、平安夜などという。ノエル（Noël）はフランス語圏では男性名、英語圏では女性名としても使われる。

福音書においては、マタイ伝とルカ伝のみがイエスの降誕物語を載せているが、日付には言及がない。イエスがいつ生まれたかを正確に特定できる記録は一切残っておらず、従って、ナザレのイエスが実際にこの日に生まれた、と主張するクリスチャンは（子どもを除いては）存在しない。あくまで十二月二十五日は、イエスの誕生を記念する日なのである。

また、同じクリスチャンでも、教会によって祝う日が違う。その日取りは、大きく分けると二つある。

まずは、誰でも知っている十二月二十五日だ。この日は、キリスト教受容以前のローマ帝国において冬至の日とされており、三世紀にはミトラス教の「不滅の太陽」の誕生を祝う祭日となっていた。この祭りが、三一三年のキリスト教公認後、「義の太陽」（マラキ三・20）すなわちキリストの誕生を祝う祭りに移行していったと考えられている。衰えた太陽が再び力をとり戻す冬至の日は、「世の光」たるイエスの到来を祝うにふさわしい日だといえよう。

また、当時のローマ帝国では、十二月十七日から二十三日までの七日間、農耕神サトゥルヌスの祭りが行なわれていた。労働を休んで賑やかな祝宴を開き贈り物を交換するサトゥルヌスの祭りの要素が、現在のクリスマスに影響を及ぼしているといわれている。ともあれ、三三六年には十二月二十五日に主の降誕を祝っていたことが記録に残っており、四世紀半ばには広く教会に行き渡っていた。ただし、本書の冒頭に書いたように、今でもユリウス暦を使う教会があるため、実際には十二月二十五日と、一月七日(ユリウス暦の十二月二十五日)に主の降誕が祝われている。

二つ目のクリスマスの日付として、一月六日、すなわちグレゴリオ暦の**エピファニー**の日が挙げられる。なぜこの日に降誕を祝うのかはエピファニーの項目を参照していただくことにして、この日に祝う代表的な教会が、東方のアルメニア教会だ。同じアルメニア教会でも、エルサレムにおけるアルメニア地区などではユリウス暦が使われているため、新暦の一月十九日がクリスマスということになる。

なお、十九世紀にはロシア正教会などの東方正教会でも一月六日にクリスマスを祝っていたが、これは当時のユリウス暦とグレゴリオ暦とのずれが十二日間だったためで、エピファニーに主の降誕を祝っていたわけではない。先に触れたように、二十世紀と二十一世紀では暦のずれが十三日あるため、ロシアやウクライナ、ベラルーシ、グルジア（ジョージア）の正教会、またエチオピア教会やエジプトのコプト教会などでは一月七日が降誕祭となる。ただし、正教会のなかには、日本のように、他の祝祭日はすべてユリウス暦で祝う原則を守りつつも、クリスマスのみ新暦の十二月二十五日にも祝っている地域もある。

クリスマスは、クリスチャンとかクリスティナといった、キリストに由来する名前をもつ人びとの**聖名祝日**《せいな》である。日取りはともあれ、クリスマス（暦日の前晩から当日の午前中）には多くの教会で礼拝が行なわれる。だが、その日が平日の場合、何もイベントを行なわないプロテスタント教会も少なからず存在する。クリスマスを祝う礼拝は、直前の日曜日にすべて完了させてしまうためだ。「ふだんは行かないけれど、クリスマスくらいは教会へ」と考えている人は、あらかじめ行きたい教会の予定を確認してから足を運ぶことをおすすめする。

ローマ・カトリックや聖公会、ルター派教会では、クリスマスシーズンのことを**降誕節**（Christmas Season, Christmastide）という。二十五日、厳密には二十四日の夕刻から始まり、エピファニーの前日、すなわち一月五日に終わる。現在のカトリック教会では、エピファニー直後の日曜日（主の洗礼日）を最終日としている。

正教会では、主の降誕を十二大祭のひとつとして祝う。十一月十四日の聖使徒フィリップの祝日の翌日から、十二月二十四日までの四十日間を「聖フィリップの斎《ものいみ》」もしくは「主の降誕祭の斎」と呼び、食事を制限したり祝いごとを避ける節制の時期としている。

歴史的にキリスト教の影響が強かった地域では、ほとんどがこの日を法定休日としている。アメリカでは、全州において適用されるキリスト教の祝日はクリスマスだけだ。アジアではフィリピン、シンガポール、韓国、香港、マカオ、インド、スリランカ、ミャンマーで公休日となる。アフリカ大陸ではアンゴラ、ボツワナ、ブルンジ、ガーナ、ケニア、モザンビーク、ナイジェリア、ルワンダ、タンザニア、コートジボワール、ウガンダ、ザンビア、ジンバブエなどが十二月二十五日、エチオピアやエジプトでは一月七日が公休日。レバノン、ベラルーシ、ボスニア・ヘルツェゴビナのように、新旧どちらの暦のクリスマスも休日としている国もある。アイルランド、スウェーデン、フィンランド、デンマーク、チェコ、スロヴァキア、エストニア、サンマリノなどでは、イヴの二十四日から聖ステファノの日（↓12月26日）までの三日間が法定休日。

キリスト教文化圏においては、この日、ふだんは離れて暮らす親族が集い、贈り物を交換したりごちそうを囲んで団欒《だんらん》のときをもつ家庭が多い。ほとんどの商店やオフィスはもちろん、公共交通機関なども休みになるので、この時期の旅行には注意が必要だ。

クリスマスといえば、まずクリスマス・ツリーを連想する人も多いだろう。これはもともとはドイツで行なわれていた樹木信仰をキリスト教がとり入れたもので、北ヨーロッパや北米に広まったのは十九世紀以降である。一般には、十二月に入ると子どもと一緒にツリーの飾りつけを行なう家庭が多いが、本場のドイツでは二十四日に大人だけで用意するのが鉄則で、子どもたちはイヴの夜になってはじめて、光のともったツリーと山積みのプレゼントを目にすることになっている。

いっぽう、ローマ・カトリック圏においてツリーよりも人気があるのが、キリスト降誕場面を再現した人形のセットだ。アッシジの聖フランシスコ（↓10月4日）が考案したといわれており、プレゼピオ（presepio）とかクリブ（crib）、クレーシュ（crèche）、スペインではベレン（Belén）とも呼ばれ、アドベントに入ると、教会堂に限らず商店や家庭などでも広く飾られる。大きさや趣向はさまざまで、日本の「世相びな」のように、ときの有名人を模した人形をつくる職人もいる。

南国フィリピンでは、パロルと呼ばれる星形ランタンが街中に飾られる。メキシコ、グアテマラ、ニカラグアなど中南米の国で子どもたちが楽しみにしているのは、ピニャータと呼ばれる素焼きの壺だ。これにお菓子などをつめ、外側をきれいな紙で飾りつけ、ロープで高い位置につるし、日本のスイカ割りの要領で子どもたちが順番に目隠しして棒で打つ。

クリスマスにおいてもっとも美しい慣習は、一晩中窓辺に太く大きなロウソクをともしておく、というものではないだろうか。これは、宿を求めてベツレヘムの町をさまよい歩いたヨセフ（↓3月19日）と身重のマリアのために、どうぞわが家にお泊まりください、という気持ちを込めてアイルランド他の人びとが行なうしきたりである。

クリスマスの食卓にのぼる代表的な料理は、七面鳥とガチョウの丸焼きだ。古い時代にはブタ、ウサギ、鯉、クジャクがこの日のごちそうだった。イタリアではアドベントに入るとパネットーネという菓子パンを食べ始める。ほかには、英国のクリスマス・プディング（濃厚なフルーツケーキ）、ドイツのシュトーレン（ドライフルーツを入れたパンのようなケーキ)とレープクーヘン(厚みのあるクッキー)、フランスのブッシュ・ド・ノエル（丸太を模《かたど》ったケーキ）がクリスマスのお菓子として知られており、最近では日本でも容易に手に入る。

イングランド、ウェールズ、北アイルランドではこの日は四季支払日（quarter day）に当たる。ディケンズの小説『クリスマス・キャロル』（一八四三年）において、守銭奴のスクルージが、クリスマスの挨拶をする甥に対して「何がメリークリスマスだ！　お前にとってのクリスマスは、金もないのに請求書を払う時期だろう！」と毒づく場面があるが、それはこの日が支払いの日で、とくに貸借の契約を更新するならわしがあるからだ。

なお、クリスマスの次の日曜日は、ローマ・カトリック教会では「聖家族（The Holy Family）」の祝日とされており、イエス、マリア、ヨセフの模範的な家庭を仰いで祝う。また、正教会の一部では、マリアの夫ヨセフの祝日としている。

コラム〈教会のクリスマス礼拝時間〉

●イングランドのあるローマ・カトリック教会

クリスマス時期（二〇〇二年）

12／24（火）10：30―11：30 告解受付／16：30 家族向けミサ／21：00 クリスマスミサ

12／25（水）9：30／11：00 クリスマスミサ

12／26（木）11：00 聖ステファノ日のミサ

12／27（金）（ミサなし）

12／28（土）10：00／18：30 ミサ

12／29（日）8：30／10：30 聖家族のミサ

12／30（月）10：00 ミサ

12／31（火）23：00 年越しの祈り／24：00 ミサ

1／1（水）11：00 ミサ

（Holy Trinity and St Augustine of Canterbury Roman Catholic Church, Baldock, Hertfordshire, UK）

●アメリカのあるルーテル教会
アドベント第四主日　8：45 聖餐式／10：00 クリスマス劇／11：15 聖餐式と洗礼式
クリスマスイヴ　19：00／21：00／23：00 燭火礼拝（聖餐式）
クリスマス　（礼拝なし）
直後の主日　7：45／8：45／11：15 聖餐式（通常通り）
(First Evangelical Lutheran Church, Lorain, OH)

●アメリカのあるバプテスト教会
アドベント第三主日　17：30 クリスマス祝会／18：30 子どもミュージカル
水曜日　19：00 施設慰問とキャロリング
アドベント第四主日　18：30 燭火礼拝／19：30 青年会の祝会
クリスマスイヴ　（礼拝なし）
クリスマス　（礼拝なし）
直後の主日　（礼拝なし）
(Mount Hermon Baptist Church, Savannah, TN)

●アメリカのある東方正教会
降誕祭前の主日（「聖世祖の主日」）17：00 降誕祭前主日晩課
降誕祭前日 19：00 降誕祭前日の聖大ワシリイ聖体礼儀／21：30 降誕祭の徹夜禱
降誕祭 9：30 降誕祭の聖体礼儀
降誕祭後の主日 9：30 降誕祭祝賀会（聖体礼儀後）
(St. Andrew's Orthodox Church, Dix Hills, NY)

＊実際の礼拝時間は年により、また教会によって異なる

◆最初の殉教者聖ステファノの日（12月26日） Saint Stephen, the first Martyr

希正○ 露正○ RC○ 聖公○ ルタ○ プロ× 〈黄金〉

キリスト教の最初の殉教者となったステファノを記念する祝日。ステファノは『使

徒言行録』の第六章に登場し、初代教会において最初に選出された七人の執事のひとりとなった。その名はギリシャ語で「冠」を意味し、ステパノのほか、スティーヴン、シュテファン、ステファン、エティエンヌ、ステファーノ、エステバン、イシュトバーン、士提反、史蒂芬、史迪芬、司提反、斯德望、德範といった表記もある。ステファニーは女性形。

ステファノは聖霊に満たされ、天を見つめ、神の栄光と神の右に立っておられるイエスとを見て、「天が開いて、人の子が神の右に立っておられるのが見える」と言った。人々は大声で叫びながら耳を手でふさぎ、ステファノ目がけて一斉に襲いかかり、都の外に引きずり出して石を投げ始めた。証人たちは、自分の着ている物をサウロという若者の足もとに置いた。人々が石を投げつけている間、ステファノは主に呼びかけて、「主イエスよ、わたしの霊をお受けください」と言った。それから、ひざまずいて、「主よ、この罪を彼らに負わせないでください」と大声で叫んだ。ステファノはこう言って、眠りについた。（使徒七・55―60）

ステファノはこのような最期を遂げたので、執事の衣装、石打ちにあったことを示す石、あるいは殉教の印であるしゅろの葉がアトリビュート（その聖人の属性を示す持ち物）となった。また、「その顔はさながら天使の顔のように見えた」（同六・15）ため、美しい青年として描かれるのがふつうだ。古来、石打ちの場所はエルサレムの旧市街にある八つの門のひとつ、ダマスカス門の近くとされてきたが、ライオン門（別名・ステファノ門）の近くとする説もある。なお、ステファノの殉教を黙って見ていた若者サウロは、のちにパウロ（↓1月25日）と名を変えて、キリスト教の偉大な伝道者となった。

教会の執事、石工、棺桶製造人、頭痛のある人の守護聖人。馬の守護者でもあるため、この日に競馬や狐狩りを催す地域がある。英国では、サーカスとパントマイムのシーズンが始まる日だ。ドイツとスイスではローマ・カトリック信者の守るべき祝日となっており、ほかの地域でも、クリスマスの翌日またはボクシング・デー（Boxing Day）として法定休日にしている国が多い。香港でもこの日は休日。

ボクシング・デーというのは、英国や、旧英領地域で一般的な名称だ。ボクシングのボックス（Box）とは、クリスマス・ボックス（Christmas box）を指し、英国においては、公共に奉仕する者、または雇い人に贈られるプレゼントまたは心づけを意味する。十九世紀の前半、家庭の使用人、郵便配達人、警官、ガス灯時代の街灯の点灯夫、掃除人、商店の配達人や御者といった人たちに、このプレゼントを渡す慣習ができた。現在でも、ごみ回収人とか新聞・牛乳配達人など、定期的に巡回サービスをしてくれる人に、年に一度のプレゼントを贈る日とされている。南アフリカでは、この日を善意の日（Day of Good Will）と呼んで休日としている。

イングランドでは一八七一年、この日が平日であれば銀行休日とするよう定められた。さらに、四年後には、当日が日曜日なら翌二十七日を休みとすることとなった。つまり、ボクシング・デーとは、正確には「クリスマス以後最初の平日」を指す。

東方教会において二十六日は至聖生神女《しょうしんじょ》の会衆祭（Synaxis of the Most Holy Mother of God）で、この日ギリシャは公休日。一日あとの二十七日に聖使徒初聖致命者首輔祭ステファンを祝う。

◆福音記者・使徒聖ヨハネの日（12月27日） Saint John, Apostle and Evangelist

希正○　露正○　RC○　聖公○　ルタ○　プロ×　〈黄金〉

最後の晩さんの席で主の　かたわらにいたヨハネは、
天の国の神秘を示され、いのちの　ことばを全地に伝えた。

（カトリック教会ミサ典礼書　入祭唱）

新約聖書の『ヨハネによる福音書』を書いたとされる、十二使徒のひとりを記念する祝日。ヨハネはキリスト教圏の男性名としてもっとも親しまれている名前のひとつで、ヘブライ語で「ヤーウェは恵み深い」の意。表記にはヨハ子《ネ》、ジョン、ヨハン、ジャン、ジョヴァンニ、ホアン、ヤン、イワン、ジョアン、イオアン、約翰、若望などがある。

ガリラヤの漁師の子で、若くしてイエスにつき従った。『ヨハネによる福音書』に実はヨハネという名前の使徒は登場しないが、伝統的に、「イエスの愛しておられた者」（ヨハネ十三・23）と同一視されている。気性が激しく、兄の大ヤコブ（↓7月25日）とともに雷の子（ボアネルゲ）ともいわれた。イエスの受難のときには、十二使徒のなかでただひとり、十字架の下にいた。そしてイエス自身に託されて、イエスの母マリアを自分の家に引きとり（ヨハネ十九・26—27）、生涯世話をしたという。

伝承によれば、ローマ皇帝ドミチアヌスのキリスト教迫害が始まったときに、パトモス島に流され、そこから小アジアのキリスト信者たちに『ヨハネの黙示録』を書き送り、西暦一〇一年頃にエフェソ（現トルコ国内）で天寿を全うした。エフェソはヨハネが聖母マリアとともに逃れてきた所で、町の背後の丘にはマリアが晩年を過ごしたという家があり、今も巡礼者の訪れが絶えない。エフェソの遺跡の玄関口に当たるセルチュクの町には、聖ヨハネ教会跡があり、内部にはヨハネのものとされる墓がある。

最愛の弟子ということから、「最後の晩餐」画に描かれるときは、イエスの胸に寄りかかる姿をとることが多い。また、磔《はりつけ》になったイエスの足下で、聖母マリアをささえている青年がこのヨハネである。鷲をシンボルとし、小さな蛇か竜の巻きついた杯を持つ姿、本をかかえてパトモス島で幻を見ている姿、また釜ゆでの拷問にあう姿を描いた絵画も知られている。生涯独身だったといわれており、彼を教会における修道生活の先駆け、つまり最初の修道士ととらえる見方もある。なお、『ヨハネによる福音書』と『ヨハネの第一の手紙』から『第三の手紙』まで、そして『ヨハネの黙示録』は従来彼の作品とされており、教会でもふつう「福音記者」の名で呼んでいるが、研究者の間では疑問視されている。

小アジア、美術商、画家、作家、製本業者、出版業者、本屋、植字工、編集者、彫刻家、石版工、製紙職人、皮なめし職人、神学者、友情の守護者で、毒や火傷から守ってくれる聖人。

東方教会では五月八日に記念し、さらに九月二十六日を聖使徒福音者神学者イオアン逝世の祭日としている。

◆幼な子殉教者の日（12月28日） The Holy Innocents; Innocents' Day

希正○　露正○　RC○　聖公○　ルタ△　プロ×　〈黄金〉

ベツレヘムとその周辺でヘロデ大王に殺された二歳以下の嬰児たちを記念する祝日。旧くは嬰兒日《おさなごのひ》、無辜《むこ》聖嬰兒等殉教の祝日、英語ではChildermasともいい、中華圏での表現は諸聖嬰孩慶日、嬰孩被殺日など。

ヘロデは紀元前三七年から前四年にかけてユダヤを治めた王で、カイザリアの町を築き、現在も遺跡として残る多くの建築物を残した。マタイ伝によると、東方の占星術の学者たちが告げた「ユダヤ人の王（イエス・キリスト）」の出現に脅威を感じ、その子どもが見つかったら知らせるよう、学者たちに依頼する。だが学者たちは幼な子イエスを訪問して贈り物をしたあと、ヘロデを避けて帰国してしまう。また、マリアとヨセフの夫婦も、イエスを連れてエジプトへ逃避する。どちらも、夢のお告げに従った結果だった。

探している子どもの行方がつかめないと知ったヘロデは、怒り狂って、ベツレヘムとその周囲一帯にいた二歳以下の男児をひとり残らず殺させた。マタイ伝によれば、これはエレミヤの預言の実現である。史実としてもヘロデは妻や実子さえ殺しており、もっとも残虐な王として歴史に名を残している。ヘロデの死を再び夢のお告げで知ったヨセフは、マリアとイエスを連れてナザレに移り住んだ。なお、のちに洗礼者ヨハネを殺害する（↓8月29日）ヘロデ・アンティパスは、この大王の息子である。

殺された幼な子の数には諸説があり、六人から二十人とする者もいれば、東方教会のように一万四千人、黙示録第十四章三節を典拠に十四万四千人とする例もある。四世紀の終わりか五世紀頃から祝日とされるようになった。ベツレヘムの聖誕教会では、毎日午後になると、救世主の身代わりに殺された幼な子を記念して、聖歌がうたわれる。幼な子殉教者は赤ん坊や捨て子、そして子ども聖歌隊の守護者とされ、この日は幼くして世を去った子どもを記念し、その両親を慰める。

英国の一部では、この日の朝、ヘロデ王の残酷さを思い起こすため、子どもをムチで打つ慣習があった。また、結婚や、何か新しいことを始めるには不吉な日とされている。

東方教会では一日遅れの二十九日に一万四千人の聖嬰児たちを記念する。

◆聖シルヴェストロ一世教皇の日（12月31日）Saint Silvester (Sylvester)

希正○　露正○　RC○　聖公△　ルタ△　プロ×〈黄金〉

三一四年から三三五年までローマ教皇の座にあり、この日に埋葬された聖シルヴェストロ一世を記念する日。Silvaはラテン語で「森」を意味し、Silvesterは「森の人」ほどの意味。シルベストロ、シルヴェストル、シルウェステル、シルベストル、シルエステル、シルベスター、シルヴェスター、西爾維斯特、思維とも表記する。スライは愛称。

この教皇の在位期間はコンスタンチヌス大帝（↓十字架称賛日　9月14日）の時代とぴったり重なる。ただし、事実として判明していることはきわめて少なく、レプラ患者だった大帝にラテラン教会（↓11月9日）で洗礼を授けてその病を癒やしたとか、大帝から書面によってローマ司教の他の司教に対する優位権を認められたとか、ローマ市を含む全イタリアの主権を与えられたなどという話も伝承、あるいは後世の捏造（八世紀の偽書「コンスタンチヌスの寄進状」）に過ぎない。

一般的には、キリスト教がまだ迫害されていた時期によく信徒らを導き、ニケア公会議に特使を送って（本人は高齢のため出席せず）異端を退け、ラテラン教会やサン・ピエトロ大聖堂を建立した教皇、というイメージで言及される。一二二七年にグレゴリオ九世がこの日を祝日と定めた。

十二月三十一日の聖人なので、カトリック圏ではシルヴェストロを「大晦日」の別名としている地域もある。ブラジル・サンパウロ市の名物「サン・シルヴェストレ国際レース」は大晦日に開催されるミニマラソン大会のこと。また、何ごとも「最後になった人」（びりの人）に聖シルヴェストロの名が冠されることがある。スイスやベルギーなどでは、この日の起床や学校への登校で一番遅かった子どもを「シルヴェストロ」と呼んでからかう風習があるという。フランスでは、クリスマスは家族、そしてこの夜は友人同士でお祝いの夜食会《レヴェイヨン》を楽しむ。

動物、石工の守護聖人。良い収穫を願うときにこの教皇に祈る。功績あるカトリック信徒に与えられる聖シルヴェストロ教皇勲章は、一八四一年にこの教皇にちなんで創設された。

東方での記念日は一月二日。なお、現在のプロテスタント教会で十二月三十一日は、一三八四年のこの日に没した宗教改革の先駆者ジョン・ウィクリフの記念日としていることが多い。

一月 January

The Three Magi

◆主《しゅ》の命名日／神の母聖マリアの日（1月1日） Mary, Mother of God; The Circumcision of our Lord and Savior Jesus Christ; The Holy Name of Our Lord Jesus Christ

希正○　露正○　RC◎　聖公◎　ルタ◎　プロ×　〈黄金〉

全能の神よ、あなたはみ子に割礼《かつれい》を受けさせ、わたしたちの救いのしるしとして、イエスと名付けられました。

（日本聖公会祈祷書）

幸せなかた　聖マリア、
代々《よよ》、天地を支配する王が　あなたからお生まれになった。

（カトリック教会ミサ典礼書　入祭唱）

一月一日は、イエスの降誕から数えて八日目に当たる。
イスラエルの男子（ユダヤ教徒）は、神とアブラハムとの間に交わされた契約により（創世記十七）、イエスの時代も、現在でも、生後八日目に割礼を受けることになっている。そして、割礼と同時に、父親がその子に名前をつける。従って、イエスの割礼と命名を記念するのがこの日だ。前者に力点を置くこの日の名称としては、**主の**

割礼祭（正教会）、**主の御割礼の祝日**（ローマ・カトリック教会の旧い表現）、**受割礼《じゅかつれい》日《じつ》**（聖公会の旧い表現）がある。後者を強調すると、**主（イエス）命名の日／主の命名日**（現在の聖公会とルター派教会）、（耶穌／基督）聖名日（中華圏）となる。割礼は陰茎包皮を切りとる儀式なので、当然ながら出血を伴う。従って、この日を、イエスがはじめてその尊い血を人類のために流した日、とするとらえ方もある。

イエスの名前は、両親が選んだものではない。生まれる前に、天使ガブリエルから「その子をイエスと名付けなさい」（ルカ一・31）と告げられた通りにつけられたものだ。その名は、ヘブライ語で「ヤハウェ（主）は救い」の意をもつ「イェホーシューア（y'hoshua）」からきている。旧約聖書『ヨシュア記』のヨシュア（Joshua）と同じだ。旧約聖書がギリシャ語に翻訳されたときに、イエースース（Iesous）となり、ラテン語ではイエスス（Iesus）と書かれた。英語では、よく知られている通り、ジーザス（Jesus）となる。イエスは当時のユダヤ人の間ではとりたてて珍しい名前というわけではなく、聖書にもほかのイエスが登場する。

この日が割礼記念日として祝われるようになったのは六世紀で、十一世紀にはローマでもとり入れられた。また、かつてローマ・カトリック教会では、この日クリスマスの「オクターブ」の典礼を行なっていた。「オクターブ」とは、当日を含めて八日間その祝日を記念すること、また、その最終日を指す。つまり、一月一日は、クリスマスを祝う最終日に当たっていたわけである。ちなみに、西暦の新年が一月一日となったのはヨーロッパでは十六世紀以降、イングランドでは一七五二年のことだ。

ローマ・カトリック教会では、もともと一月一日をマリアに関するもっとも古い祝日としており、一九三一年に教皇ピオ十一世がこの日を**主の御割礼の祝日**から**神の母聖マリア**（Mary, Mother of God）の祭日に変更した。中華圏では天主之母節とか天主之母聖瑪利亞節という。なお、「神の母《テオトコス》」とは、四三一年のエフェソ公会議で確認された教義である。日本の正教会では**生神女**《しょうしんじょ》（「神を生みし女」）という。中華圏では誕神女という表現が使われる。

なお、ベトナム戦争が激化した一九六八年にこの日は「世界平和の日」と定められ、毎年教皇がメッセージを発表している。

ギリシャでは、この日はギリシャ版サンタクロースであるバシリオス主教（Saint Basil the Great）の日だ。バシリオス主教は大晦日の夜にプレゼントを携えてやってくることになっているので、子どもたちはお正月に包みを解く。大晦日の真夜中には、家長が丸い大きなパンのようなケーキ「パシロピタ」を切り分ける。このなかにはコインが一枚入っていて、それを引き当てた者に幸運が舞い込むとされている。一日に教会に行くと、このパンの小片がもらえる。

日本のプロテスタントではこの日、いつもよりやや遅い時間に「元旦礼拝（元日礼拝）」を行なう教会が多い。大晦日の深夜から年をまたいで除夜祈禱会を行なう教会では、午後二時頃から礼拝となる。神社に初詣に出向く人の多いなか、クリスチャンは創造主なる神を礼拝して新しい年を迎える。

なお、アルメニア教会では一月十三日を割礼の祝日としている。

◆エピファニー（1月6日）Epiphany; Three Kings Day; Theophany of Our Lord Jesus Christ

希正◎　露正◎　RC◎　聖公◎　ルタ◎　プロ△　〈黄金〉

見よ、すべてを支配する主が来られる。

王国と権能と主権は、そのみ手のうちにある。

（カトリック教会ミサ典礼書　入祭唱）

エピファニーとはギリシャ語の epiphaneia（現れ）を語源とする言葉で、主イエスが神として「世に現れた」ことを記念する祭日。この日は、東方と西方とで、記念する意味合いがやや異なる。東方教会に属する日本正教会では、この日を神現祭《しんげんさい》または主の洗礼祭（中華圏では主領洗節）といい、水の祝福を行なう。いっぽう、西方に属する日本聖公会では、かつてこの日を現異邦日《げんいほうじつ》と呼んでいた。このことからもわかるように、東方教会ではこの日、イエスの洗礼を祝い、西方教会では、幼な子イエスが異邦人（東方の占星術の学者たち）の前に姿を現したことを祝う。

エピファニーの起源はクリスマスよりも古く、二世紀の後半、イエスの洗礼を記念する日としてエジプトで祝われるようになった。一月六日はナイル川が氾濫するとされた日で、ナイルの神オシリスを崇拝する者たちがこの日に浸礼（水に浸かる）の祝祭を行なっていた。このオシリスとギリシャ神話の酒神ディオニソスが同一視され、この日に汲んだ水はワインに変わるという信仰も生まれた。

東方のキリスト教信者たちには、イエスがヨルダン川で洗礼者ヨハネから水の洗礼を受けた日こそが、イエスが「世に現れた」日という理解があった。これが、ナイル川の水に浸かるという異教の儀式と結びついたようだ。やがて、東方の教会では、この日に三つの「現れ」を記念するようになる。前述のイエスの洗礼における現れ（マタイ三・16ほか）、そして主の降誕という現れ、さらにカナの婚礼でなされたイエスが水の最初の奇跡（ヨハネ二）における栄光の現れである。カナの奇跡とは、イエスが水をワインに変えたというもので、先に触れたディオニソスのワインの話にそっくりだ。

アルメニア教会など、現在でもこの日一月六日を主の降誕および神現（Nativity and Theophany）の日として祝いつづけている東方の教会も現存する。

同じ東方でも、カルケドン信条に立つ正教会では、この日をイエスの洗礼を記念する日ととらえている。そして、十二大祭のひとつとして祝う。前日の五日は斎《ものいみ》（断食日）※となっており、前日と当日に結婚式を禁じる地域もある。また、この日の聖体礼儀のあとには大聖水式が行なわれ、各自が聖にされた水を容器に入れてもち帰る。また、司祭が聖水をもって信徒宅を訪問することもある。この水は、病気など、神の助けが必要なときに使われる。近年、よくロシアの話題として報道されている神現祭の寒中沐浴とは、聖水式が行なわれた川や湖などで、「聖水」となった水に浸かって無病息災を願うローカルな行事である。

※正教会の斎《ものいみ》＝特定の食べ物を口にしない、あるいは完全に断食することをさす。正教徒は年間を通して水曜日と金曜日、そして大きな祭の前には斎を行なう義務があるとされている。祭日をただ「祝う」だけではなく、その前に食の節制がリンクしている点は東方の教会の大き

な特色のひとつ。復活大祭前の大斎《おおものいみ》については一三三頁参照。

いっぽうの西方教会だが、こちらは四世紀に降誕日を十二月二十五日と定め、切り離して祝うようになった。そのため、西方ではエピファニーのもつ意味は変化し、それまでは副次的な要素しかなかった東方の占星術師たちの来訪（マタイ二）が、「イエスの異邦人への現れ」として、降誕に代わって大きく扱われるようになった。かつて聖公会でこの日が現異邦日と呼ばれた所以《ゆえん》である。

不思議な星に導かれてベツレヘムにやってきたこの占星術師たちは、マギ（Magi は複数形、単数形はメイガス Magus）と呼ばれており、『使徒言行録』第八章九節以下に出てくるサマリアの魔術師シモンも、英語では同じメイガスとなる。三賢人または三博士（three wise men）という表現も一般的だ。聖書には彼らの人数や名前は記されていないが、黄金・乳香・没薬《もつやく》という三つの贈り物に対応してか、西方教会では三名が定説になっている。六世紀以降はバルタザール（Balthasar）、メルキオール（Melchior）、ガスパール（Gaspar）という名前が与えられ、順番にアラビアの王、ペルシャの王、インドの王ということになった。そのため、一部の地域では「三王の日（Three Kings Day）」がエピファニーの別名になっている。彼らは中世には聖人に格上げされ（祝日七月二十三日）、旅人の守護聖人となった。

現在のローマ・カトリック教会ではエピファニーを主の公現《こうげん》、ルター派教会と聖公会では顕現日《けんげんび》と呼んでいる。一般的には公現祭、中華圏では主顯節、基督顯現節（日）ともいう。カトリック教会では一九五五年以降主の洗礼を別の日に分離して祝うようになり、他教会もそれに追従した。ヨーロッパなどでは六日の当日に祝うが、日本を含む一部の地域では、二日から八日の間の日曜日に振り替える。なお、シェイクスピアの戯曲で有名な「十二夜（Twelfth Night）」とは、この日の前夜を指す。英国ではエピファニー直後の月曜日を鋤《すき》の月曜日（Plough Monday）と呼び、その年はじめて畑に鋤を入れる（日本でいう鍬入れ）日としている。

英国やフランスでは、豆やコイン、小さな人形を入れたケーキを焼いて切り分け、それを引き当てた者がその日の王様・王妃様となる、という風習がある。この王様のケーキを含む公現祭の出来事を描いた短篇に、モーパッサンの『マドモワゼル・ペルル』がある。メキシコでは、同じようにロスカといわれるケーキを焼き、人形を引き当てたら、二月二日にパーティをしなければいけない風習があるという。

オーストリア各地では、イヴか当日、三人の王に仮装した少年や、星形の灯籠を手にした大人たちが歌をうたいながら家々を訪ね歩く。受けとったご祝儀は多くの場合、寄附にまわされる。英国の王室では、この日、聖ジェイムズ宮殿チャペルにおける聖餐式のあと、東方の占星術師たちがイエスに持参した贈り物にちなんで、黄金・乳香・没薬を捧げる儀式を行なう。この黄金は金貨に変えられて、慈善団体に送られる。

東方のギリシャでは、教会での礼拝が終わったあと、湖や川、海に集まり、司祭が十字架を水に投げる。このとき、聖霊を象徴した白い鳩を放す地域もある。若い男性たちは、水中の十字架を求めて水に飛び込み、それを最初につかんだ者は司祭の祝福を受け、その一年の幸運が約束される。ギリシャのピレウスでの催しが有名だ。

エピファニーは、クリスマスの楽しいシーズンが終わり、いつもの日常が戻る区切りの日だ。多くの地方では、前夜または当日がクリスマスの飾りを片づける日とされていて、住宅街などでは特別にツリーの捨て場がもうけられる場合もある。なかには、二月二日の**キャンドルマス**までそのままにしておく地方もある。

オーストリア、フィンランド、ギリシャ、イタリア、クロアチア、スペイン、スウェーデン、ドイツ（バイエルン、バーデン・ヴュルテンベルク、ザクセン・アンハルトのみ）、スイスの一部、キプロス、コロンビア（直後の月曜日に振替）などでは法定休日。

ローマ・カトリック、聖公会、ルター派教会では、その日の礼拝で読まれる聖書の箇所があらかじめ決まっている。これらの教会で、エピファニーの日に読まれる箇所の一部を紹介しておこう。

起きよ、光を放て。
あなたを照らす光は昇り
主の栄光はあなたの上に輝く。
見よ、闇は地を覆い
暗黒が国々を包んでいる。
しかし、あなたの上には主が輝き出《い》で
主の栄光があなたの上に現れる。
国々はあなたを照らす光に向かい
王たちは射し出でるその輝きに向かって歩む。
（イザヤ六十・1—3）

旧約聖書に記された出来事を通じて表される救済の意味は、新約聖書において全うされる、という理解がキリスト教にはある。イエスの誕生は新約の出来事だが、それよりはるか以前に書かれたイザヤ書のなかにイエスの現れが描かれた、ひとつの例がここにある。

◆**主の洗礼日**（かつては1月13日、現在はエピファニー直後の日曜日）　The Baptism of Our Lord　　　希正×　露正×　RC○　聖公○　ルタ○　プロ×

天にいます父よ、あなたは、み子イエスがヨルダン川で洗礼を受けられたとき、聖霊を注ぎ、愛する子と宣言されました。　（日本聖公会祈祷書）

西方教会において、イエスのヨルダン川における洗礼を記念する祝日。中華圏では基督領洗日、救主受洗日ともいう。

もともと、主の洗礼はエピファニーの一環として祝われていたが、一九五五年にローマ・カトリック教会で独立した祝日となり、エピファニーの一週間後にあたる十三日がその日とされた。一九六九年以降は一月六日直後の主日。ただし、日本のようにエピファニーを主日に移動する国において、その日が一月七日または八日となった場合、エピファニー翌日の月曜日が主の洗礼の祝日となる。

現在のローマ・カトリック教会では、主の降誕（クリスマス）の前晩の祈りから主の公現（エピファニー）後の主日までを降誕節としているので、多くの年ではこの日をもってクリスマスシーズンが終了する。

◆聖アグネスの日（1月21日）　Saint Agnes of Rome

希正○　露正○　RC○　聖公△　ルタ△　プロ×〈黄金〉

西暦三〇〇年前後にローマで殉教した少女を記念する日。アグネスとはギリシャ語で「純潔」を意味する。地域によって、アニエテ、アニェス、アニエーゼ、イネス、アーグニヤ、安妮絲、靄思、雅妮、依搦斯ほかの表記もある。

伝承によると、異教徒の求婚者を拒絶したため、クリスチャンであることを密告されて牢につながれた。純潔を貫き、十二歳か十三歳で殉教したが、何で命を落としたかは諸説がある。三五〇年頃には、彼女の墓の上に聖堂が建てられた。

少女、処女、体の純潔、レイプの被害者、婚約したカップル、ガールスカウトの守護聖人。アグネスと綴りの似たラテン語のアグヌス（agnus）が「子羊」の意味であることから、絵画では子羊をもったあどけない少女の姿で描かれることが多い。ローマではこの日聖アグネスの聖堂で二匹の子羊が祝福され、その羊毛がパリウム（司教の肩被）に使われることになっている。かつては八日目の二十八日も祝っていたが、一九六九年の暦の改訂で二十一日のみとなった。

英国では、キーツおよびテニスンが十九世紀に「聖アグネスのイヴ（St. Agnes' Eve）」というタイトルの詩を残しており、この日の前の晩に断食をした乙女は、未来の夫の夢を見る、という俗信が知られている。

◆聖パウロの回心日（1月25日） The Conversion of Saint Paul, Apostle

希正×　露正×　RC○　聖公○　ルタ△　プロ×〈黄金〉

神よ、あなたは使徒聖パウロの宣教により、福音の光を全世界に照らされました。

（日本聖公会祈祷書）

キリスト教の偉大な伝道者・パウロの回心を記念する祝日。中華圏では聖保羅受感化日ともいう。パウロは十二使徒のなかには入らないが、とくに非ユダヤ人に伝道したため、「異邦人の使徒（Apostle of the Gentiles）」の名で呼ばれている。三回にわたって伝道旅行を行ない、各地の信徒たちを叱咤激励する書簡を残した。現在、新約聖書にはパウロ作とされる十三の書簡が残っている。彼の存在がなければ今日見るようなキリスト教の世界的発展はない、というのは衆目の一致する意見だ。また、キリスト教神学の基礎を築いた功績も大きい。その名はラテン語で「小さい」を意味し、表記には、ポール、ポーロ、パウル、パオロ、パブロ、パーヴェル、パウルス、保羅、保祿などがある。女性形はポーラ、ポーリーン、ポーライナ、ポーレットなど。パウロはタルソス出身で元の名をサウロといい、ローマの市民権をもつユダヤ教徒だった。「徹底的に神の教会を迫害し、滅ぼそうと」（ガラテヤ一・13）し、ステファノ（→12月26日）の殉教のときにもその近くにいた。彼がイエスの声を聞いた瞬間は、『使徒言行録』第九章に描かれている。

サウロが旅をしてダマスコ［ダマスカス］に近づいたとき、突然、天からの光が彼の周りを照らした。サウロは地に倒れ、「サウル、サウル、なぜ、わたしを迫害するのか」と呼びかける声を聞いた。「主よ、あなたはどなたですか」と言うと、答えがあった。「わたしは、あなたが迫害しているイエスである。起きて町に入れ。そうすれば、あなたのなすべきことが知らされる。」同行していた人たちは、声は聞こえても、だれの姿も見えないので、ものも言えず立っていた。サウロは地面から起き上がって、目を開けたが、何も見えなかった。人々は彼の手を引いてダマスコに連れて行った。サウロは三日間、目が見えず、食べも飲みもしなかった。（九・3―9）

その後、ダマスコのアナニアがサウロの頭に手を置くと、サウロの目からうろこのようなものが落ち、元通り見えるようになった。そしてサウロはキリスト教の洗礼を受け、福音を宣べ伝える者として新たな人生を踏み出すことになる。ダマスカスには今でも聖書に記された「まっすぐな道」があり、近くにはアナニアゆかりの礼拝堂がある。

パウロの回心をこの日に記念する由来ははっきりしないが、五世紀後半の『ヒエロニムス殉教録』には記載があるという。

イングランドには、この日のお天気で一年の運勢を占うこんな詩もある。

聖パウロの日が明るく晴れたなら、この年、幸《さいわ》い多かろう
雪や雨が降ったなら、穀物みんな不作だろう

曇や霧で暗ければ、鳥や家畜が死ぬだろう
風が空を吹くならば、国が戦《いくさ》で騒がしい
（エラ・ペイター　一六九四年）

聖パウロはマルタ、ローマ、作家、伝道者、ジャーナリストや編集者、出版業者、平信徒、音楽家、紐や馬具をつくる職人、天幕職人の守護聖人。蛇の害や、雹《ひょう》を伴う嵐からも守ってくれる。

なお、ローマ・カトリック教会では、このほか二月十日に**聖パウロの難破**を、六月二十九日に**使徒聖ペトロ・使徒聖パウロ**を記念している。

二月 February

Our Lady of Lourdes

◆キャンドルマス（2月2日）　The Presentation of the Lord; The Presentation of Christ in the Temple; Meeting of the Lord; Purification V. M.; Candlemas

希正◎　露正◎　RC◎　聖公◎　ルタ○　プロ×　〈黄金〉

永遠にいます全能の神よ、この日、独りのみ子は、律法に従い神殿において献《ささ》げられ、主の民の栄光、諸国民の光として迎えられました。　（日本聖公会祈祷書）

イエスが生まれたのち、律法に従って四十日目にエルサレムの神殿に捧げられたことを記念する祝日。西方教会で単にプレゼンテーション（Presentation）というと、この出来事を指す。福音書ではルカ伝のみ、第二章二十二節から四十節にその記述がある。日本風にいえば、イエスのお宮参りを祝う日で、現在のローマ・カトリック教会では**主の奉献**《ほうけん》、聖公会では**被献日**《ひけんび》（かっては被献日《ひけんじつ》、処女《おとめ》マリア被潔日《ひけつじつ》）、中華圏では獻主節とか獻聖嬰日、獻耶穌於聖殿、奉獻基督於聖殿日、聖母獻耶穌於主堂などと表現する。

四世紀の半ばにエルサレムで祝われていた当時は、二月十四日を祝日としていたが、のちに現在の日付に移動した。五四二年、疫病の沈静化に感謝したユスティニアヌス大帝がこの祝日の遵守を命じ、まず東方教会で広まった。正教会では**主の迎接祭**または**主の進堂祭**といい、十二大祭のひとつとして祝う。イコンでは、エルサレムの神殿を訪ねたマリアとヨセフ、幼な子イエスを抱く預言者シメオン、背後に女預言者アンナが描かれる。迎接祭の名称は、シメオンがイエスを「迎えて」「接した」ことに由来するとともに、シメオン個人だけでなく、救世主を待望した旧約の民、さらには新約の民がイエスを「迎接」する意味が込められている。

この出来事にあやかって、出産した女性は四十日目に子どもを連れて礼拝に出席したり、あるいは生後四十日目の子どもに洗礼を受けさせるしきたりの教会もある。

いっぽうのローマ・カトリック教会では、一九六〇年まで、マリアが出産後四十日目に潔めの式を受けたことを強調して、この日を聖母マリア御潔《おんきよ》めの祝日（the Purification of the Blessed Virgin Mary）と呼んでいた。イングランド聖公会でも旧祈禱書でこの日は「Purification V. M.」と記されている。一般的には聖燭節ともいう。潔めの式にはロウソクが捧げられたため、この日、教会のミサの前に一年分のロウソクの祝福式を行なう。会衆は世の光であるイエスを象徴したロウソクに点火して、行列するしきたりがあった。クリスマス（イエスの降誕）をしめくくる祝日なので、現在でも、この日までクリスマスの飾りつけを片づけない地方がある。

英国ではかつてこの日に農業労働者のための重要な市が開かれた。次の一年に働く場所を変えようという労働者はこの市で新しい奉公先を決め、受胎告知日（↓3月25日）から新しく仕事を始めた。フランスやベルギーなどではクレープを焼いて食べる日。左手にコインを握り、右手に持ったフライパンのクレープを高くはねあげ上手にひっくり返すことができれば、向こう一年の幸運に恵まれるという。

リヒテンシュタインでは法定休日。ペルーのチチカカ湖のほとりにあるプーノの町は聖母マリアを守護者としており、この日から約二週間にわたって聖母の聖燭祭（カンデラリア祭）が行なわれる。スコットランドではこの日が四季支払日となっており、一九九〇年の法律で名称は同じまま日付だけ二十八日に変更された。

◆聖アガタの日（2月5日）Saint Agatha (Agata)

希正○　露正○　RC○　聖公△　ルタ×　プロ×　〈黄金〉

三世紀にシチリア島で殉教したとされる、若く美しい聖女の記念日。名前はギリシャ語で「善良」という意味をもち、アガサ、アガーテ、アガート、アゲダ、アガフィヤ、雅加達、亞加大とも書く。

六世紀には聖人として崇敬されていたが、その生涯について明確なことはわかっていない。伝説では、裕福な家に生まれ、信仰篤く、若くして神に捧げる生活を送ろうと決心した。しかしある好色な貴人の邪恋の対象となり、それを拒んだために売春宿に送り込まれたが、純潔を守った。その後、牢獄に入れられて数々の責め苦にあっても、イエス・キリストへの信仰を捨てずに殉教した。

拷問で両方の乳房を切りとられたという言い伝えがあるため、しばしば絵画ではお盆に二つの乳房をもった姿で描かれる。また、拷問道具のやっとこや、燃える石炭(この上に寝かされた)、そしてベールがアトリビュートとなっている。ヤコブス・デ・ウォラギネによる『黄金伝説』(一二六六年頃)に記されたその拷問の様子は、悪趣味と思えるほどだ。彼女の墓はエトナ山近くの港町カタニアにあるとされ、その墓からもち出されたベールで、エトナ山の噴火が避けられたという。また、一五五一年にマルタがトルコの侵略から守られたのも、彼女のとりなしのおかげとされている。

イタリア国内にある小さな独立国・サンマリノ共和国では、この日を法定休日としている。聖アガタがサンマリノの守護聖人であること、そして一七四〇年のこの日、最終的にローマ教皇庁の支配を脱却したことを記念するためである。

火山の噴火や地震などの自然災害、火事を避けたいとき、乳ガンや不妊の人の味方（乳房の病気を「聖アガタ病」ともいう）。殉教者、宝石職人、レイプや拷問の被害者、独身の女性信徒、子どもに乳をふくませる乳母、鐘造り職人の守護聖人。

◆日本二十六聖人殉教者の日（2月5日）The Martyrs of Japan

希正×　露正×　RC○　聖公△　ルタ△　プロ×

一五九七年二月五日（慶長元年十二月十九日）に長崎で処刑された、わが国はじめてのキリスト教殉教者二十六人を記念する祝日。

フランシスコ・ザビエル（↓12月3日）が日本を去って三十一年後の一五八二年、キリスト教の宣教に協力的だった織田信長が本能寺で自害する。代わって天下統一に乗り出した豊臣秀吉は、一五八七年にキリスト教の布教を禁じ、博多でバテレン（司祭）追放令を発した。この追放令の施行はさほど厳しいものではなかったが、フランシスコ修道会司祭の宣教活動が公然と行なわれたこと、さらに一五九六年に土佐浦戸にスペイン船サン・フェリペ号が漂着した事件をきっかけに、フランシスコ会に日本侵略の嫌疑がかかった。

秀吉の命令により、京都や大坂で捕らえられたのは、スペイン人とポルトガル人（フランシスコ会の宣教師や修道士たち）六名、ほかに日本人のイルマン（イエズス会修道士）や信者をあわせて合計二十四名。彼らは見せしめとしてまず耳たぶを切られ、町中を引き回されたあげく、長崎までの約六百キロを、寒空の下、三十三日かかって徒歩で移動させられた。この道中、二名のキリシタンが自ら囚徒の群れに加わり、一行は二十六名となる。宣教師たちの代表格はスペイン人司祭のペトロ・バプチスタ、日本人の中心人物はイルマンのパウロ三木といい、後者は厳しい旅路の途中も皆を励まし、処刑の間際まで説教をつづけたという。ほか、殉教者のうち最年少である十二歳のルドビコ茨木と、十四歳のトマス小崎の名がよく知られている。

二十六人は長崎の西坂に到着後、四千人が見守るなかで、役人に槍で胸を突き刺されて殉教した。以後、およそ三百年の間に、約千人のキリシタンが同じ西坂で命を落としている。一八六二年、教皇ピオ九世が二十六人を列聖。その三年後に長崎で献堂された大浦天主堂（日本のキリスト教会堂で唯一の国宝建築）は、この二十六聖人に捧げられた聖堂だ。現在、処刑の地は記念公園となっており、一九五〇年にローマ・カトリック教会の公式巡礼地に指定された。

日本や米国などの聖公会や一部のルター派教会も、この日を「日本の殉教者」の日とし、長崎の二十六聖人のほか、キリシタン時代の多くの殉教者や、以後現代までの信仰のため生涯を捧げた人びとを記念している。日本国外では、聖アガタを五日に、そして六日を「聖パウロ三木と同志殉教者」の日として祝う地域もある。

◆聖パウロの難破日（2月10日） Feast of Saint Paul's Shipwreck

希正×　露正×　RC△　聖公×　ルタ×　プロ×

使徒パウロを囚人として護送した船が、クレタ島から出航して嵐に遭い、十四日間アドリア海を漂流したのちにマルタ島に着いたことを記念する日。『使徒言行録』二十七章から二十八章にかけて記述があるように、パウロやルカ（↓10月18日）の乗った船は「エウラキロン」と呼ばれる暴風にあってあやうく難破しかけたが、パウロは船乗りや乗客たちを励ましながらこれを乗り切り、マルタ島に無事到着した。西暦六〇年頃のこととされる。現在パウロ湾と呼ばれる地点で一行が上陸したと伝えられており、船が座礁した岩や、使徒たちが上陸後に暮らしたとされる洞窟も残されている。

上陸後、枯れ枝で火をおこすパウロの手に蝮《まむし》が絡みついたが、パウロはこれを火のなかに落とし、何の害も受けなかった。彼が蛇の災いを避ける守護者とされる所以である。また、このためにマルタ島には蛇はいないと信じられている。

マルタ共和国では法定休日。同国の首都ヴァレッタでは盛大なパレードが行なわれ、聖パウロ難破記念教会から引き出されたパウロの彫像が町を練り歩く。マルタでは、このほかにも六月二十九日の使徒聖ペトロ・使徒聖パウロの日も公休日になっており、パウロとの関わりが深いことをうかがわせる。島の長官プブリウス（使徒二十八・7）がマルタの最初の司教になったとされており、当地では彼の祝日（一月二十二日）も祝われている。

◆ルルドの聖母の日（2月11日）Our Lady of Lourdes

希正×　露正×　RC◎　聖公×　ルタ×　プロ×

一八五八年、フランス南西部のピレネー山麓に位置する小さな村、ルルドの洞窟において、聖母マリアがある少女の前に姿を現したことを記念する日。少女の名はベルナデッタ・スビルーといい、当時十四歳、貧しい粉屋の長女だった。のちにヌヴェール愛徳修道会のシスターとなって模範的な修道生活を送り、一九三三年に列聖されている。

聖母は同年の七月十六日まで、十八回にわたってベルナデッタの前に出現し、そのなかで自分が原罪なしに宿ったものであることを告げた。これは、三年ほど前に教皇が宣言した、聖母の「無原罪の御宿り」(↓12月8日)の教義と重なるが、無学なベルナデッタにはその言葉の意味が理解できなかった。このことは、のちにこの出現が本物と認定される大きな要素となる。また、聖母は当地に聖堂を建てるよう命じ、罪を償うようにというメッセージを残した。聖母が指さした場所を掘ると、清らかな泉がわき出た。これが、以後、特別の癒しの恵みをもつことで知られるようになったルルドの泉である。泉の水で不治の病が治る奇跡があいついだ結果、世界中から大勢の巡礼者を集めるようになった。

出現から四年後の一八六二年には、現地の司教がこの聖母出現を公に承認し、付近には壮麗な聖堂が建てられた。一八九一年には地域の祝日と定められ、教皇ピオ十世が一九〇七年にローマ・カトリック教会全体の祝日としたが、六九年以降は任意の記念日となっている。中華圏では露徳聖母と表現する。

一九五八年には、ルルドに二万人を収容できる地下大聖堂が献堂された。

現在、多くのローマ・カトリック教会の聖堂や敷地に洞窟を背景とした「ルルドの聖母」のご像がしつらえられているが、これは、ベルナデッタの証言を聞いた彫刻家がつくった像が基になっており、全世界で同じ仕様だ。すなわち、純白の衣に空色の帯をしめた美しい女性が手を合わせてロザリオをもち、足下にバラの花を踏み、目は天を仰いでいる。これが、ベルナデッタの目にしたマリアの姿だった。

ルルドの聖堂の下にある洞窟では、今日も、マリアの取り次ぎを願って、巡礼者たちがロウソクを捧げている。また、泉では多くの人びとが水を汲み、なかには癒しを願って水に浸かる者もいる。現在、当地を訪れる巡礼者の数は年に五百万人前後という。ちなみに、自らも聖母にちなんだ名をもつアメリカ人歌手のマドンナは、一九九六年に生まれた長女に、ルルド・マリア（Lourdes Maria）という名前をつけた。

この日は教皇ヨハネ・パウロ二世により一九九三年に「世界病者の日」と定められ、病にある人びとへの援助を呼びかける教皇メッセージが毎年発表されている。とくに医療従事者を招いたり、病者の塗油をこの日に行なう教会もある。

なお、聖ベルナデッタの祝日は命日である四月十六日だが、フランスではしばしば二月十八日に記念されている。

◆聖ヴァレンタインの日（2月14日）　Saint Valentine of Rome

希正×　露正△　ＲＣ△　聖公△　ルタ△　プロ×　〈黄金〉

ローマ・カトリック教会では、一九六九年にこの聖人を祝日リストから削除した。だが、この日に殉教した聖人ヴァレンタインにちなんで、恋人たちが互いの愛のあかしとして花やカード、ロマンティックな贈り物を交換しあう風習は、教会の外でますます盛んになってきている。その名はラテン語で「健全で力強い」の意をもち、バレンタイン、バレンチノ、ヴァランタン、ワレンティン、ヴァレンティーノ、ヴァレンティヌス、瓦倫丁、華倫泰、偉倫、濟利祿の表記もある。ヴァレンティーナは女性形。

この日は「小鳥がつがいになる季節」とされ、古代ローマで二月十五日に行なわれた祭り、ルペルカリア（豊穣の神ルペルクス、またはファウヌスの祭典）を起源とする説が有力だ。この祭りでは、若い未婚女性が自分の名前を書いたくじを壺に入れ、それを引き当てた男性と一年間カップルになる、というゲームが行なわれていた。四九六年に教皇ジュラジオ一世はこの放埒な祭りを禁じ、二月十四日を聖ヴァレンタインの祝日と定めた。

三世紀頃にローマで殉教した聖ヴァレンタインには少なくとも二名（ローマの司祭

とテルニの司教)、または三名の候補がいて、その生涯は伝説の域を出ない。もっともよく知られているのは、ローマの兵士を秘密裏に結婚させ、皇帝クラウディウス二世から処刑されたという司教の伝説だ。

　この日が恋人たちの日とされるようになったのは十四世紀以降のことで、主に英語とフランス語の文学に言及が見いだせる。シェイクスピアの『ハムレット』にも、オフェーリアがヴァレンタインデーのことを口走る場面がある。ルペルカリア祭に起源をもつ、くじ引きやその他の方法で即席カップルをつくるゲームは長くつづいた。十七世紀の海軍大臣サミュエル・ピープスの日記を見ても、その日はじめて会った異性を「わたしのヴァレンタイン（My Valentine）」と呼んで一日限りの恋人とする、という風習があったことがわかる。

　ヴァレンタインカードの歴史はクリスマスカードよりも古く、最初に印刷されたカードは一七六一年に登場した。地域によってさまざまな風習や俗信があり、この日の前夜に枕の下に月桂樹の葉をおいて寝ると、未来の結婚相手の夢を見る、というものもある。

　よく知られていることだが、女性から男性にチョコレートを贈るという風習は日本独特のものだ。基本的にはどちらから贈ってもよく、欧米ではむしろ女性の側が男性からの贈り物を心待ちにしている。この日のシンボルとされているのは、ハートやキューピッドなどをあしらったカード、赤いバラの花、レースのハンカチ、チョコレートなど。ヴァレンタインと商業主義は切っても切れない関係にあるようで、たとえば、近年までこの日を祝う慣習がなかったポーランドでも、花屋とカード業者の戦略によって急速に普及したという。ムスリムの国エジプトでも「愛のお祭り」としてカップルのあいだで広まり、この日が近づくと赤い色の花やグッズが街にあふれる。

聖ヴァレンタインは、婚約したカップル、恋人たち、幸せな結婚、養蜂家、てんかん患者、旅人、若者の守護者。フィンランドでは「友情の日」という名前で祝われている。イタリアのウンブリア州テルニには、聖ヴァレンタインの遺体が葬られているとされる聖ヴァレンティーノ教会があり、この日はミサに参列する人の行列ができる。

正教会にヴァレンタインの名を持つ聖人は複数いるが、司祭致命者聖ワレンティン（祝日七月六日）、神品致命者主教ワレンティン（祝日七月三十日）が西方の「ローマの司祭とテルニの司教」に相当する。彼らの祝日は商業的イベントとはまったく関係がなく、正教徒の多いギリシャやロシアでも二月十四日がいわゆるヴァレンタインデーとなっている。

◆使徒聖マティアの日（2月24日） Saint Matthias, Apostle

希正○　露正○　RC○　聖公○　ルタ○　プロ×　〈黄金〉

イスカリオテのユダの後任として十二使徒に選ばれたマティアを記念する祝日。Matthias とは Matthew（マタイ　→9月21日）のギリシャ語・ラテン語形である。ほかに、マサイアス、マチア、マッテヤ、マッテヤ、マッテア、マトフェイ、マーチャーシュ、馬提亞、瑪弟亞、孟迪などの表記がある。

『使徒言行録』一章十五節以下によると、ユダ亡き後に十二使徒たちはもう一名の仲間を選ぶことになった。ずっとイエスのそばにつき従っていた者たちのなかで、候補に挙がったのは、バルサバと呼ばれユストともいうヨセフ、そしてマティアの二名である。くじの結果、マティアが選ばれた。だが、マティアの名は聖書の正典ではこの箇所しか登場しない。

後代の伝承によると、マティアはイエスの任命した七十二徒（ルカ十・1）のひとりで、その後カッパドキア（現トルコ国内）、エジプトやエチオピアなどで福音を語り、西暦六三年頃に殉教したという。

大工、仕立屋、天然痘患者、アルコール依存症患者や同患者を支える人びとの守護者。すべての依存症と戦うための希望と忍耐をこの聖人に祈る。

東方教会における祝日は八月九日、ローマ・カトリックではかつて二月二十四日(閏年には二十五日)、現在は五月十四日。現在二月二十四日を聖マティアの日としているのは、聖公会の一部と、ルター派教会である。

三月 March

St. Joseph

◆聖デイヴィッドの日（3月1日） Saint David of Wales

希正×　露正○　RC○　聖公△　ルタ×　プロ×

六世紀に生涯を送ったウェールズ唯一の聖人を記念する日。旧約聖書に登場するダビデ（ヘブライ語で「最愛の者」の意）の英語読みがデイヴィッドだ。ほかに、デビッド、ダーヴィド、ダヴィド、ダヴィッド、達味、大衛などの表記がある。

伝承によると、聖デイヴィッドの父は南ウェールズの族長で、英国の守護聖人のなかでただひとり、地元で生まれている。司祭となっていくつもの修道院を設立し、禁酒と菜食、祈りと労働、勉学に励む厳格な生活を守った。当地の司教に任ぜられ、五八九年頃にウェールズ最西端にあるメネヴィア（現在のセイント・デイヴィッズ）の修道院で死去。最初に聖人の暦に載ったのは八世紀のことで、一一二〇年頃に彼を列聖した教皇カリスト二世は「メネヴィアに二度巡礼すれば、ローマ巡礼をしたのと同じ」と語ったとされる。彼が葬られた聖デイヴィッド大聖堂は、中世に多くの巡礼者を集めた。宗教改革前の時代、南ウェールズで聖デイヴィッドに献じられた教会は五十を超えていたという。彫像などでは司教の衣装をまとい肩に鳩をとまらせた姿で描かれる。

この日はウェールズでは公休日ではないが、学校や一部の地域では半休日となる。また、ウェールズの各地で自国の歴史と文化を讃えるパレードが行なわれる。人びとが身につける白と緑のリーク（セイヨウニラネギ）、そして黒地に金十字の旗はいずれも聖デイヴィッドのシンボルである。前者は、サクソン人との戦いの際に味方を見分ける目印としてリークを兜につけるように聖デイヴィッドが命じたという伝説に基づく。ロサンジェルスでは三月の最初の週末に聖デイヴィッドを記念した芸術祭が開催されている。

◆世界祈禱日（3月第一金曜日）World Day of Prayer（WDP）

希正△　露正△　RC△　聖公△　ルタ△　プロ△

キリスト教会の女性たちが中心となり、同じ式文（プログラム）を使って一つの地域のために祈りを捧げる日。人種や文化の違いを超えて女性同士の理解と連帯を深め、信仰を確認し、また希望や悲しみ、喜びを共有する機会となっている。本書の冒頭で、「現時点で、世界中のすべてのクリスチャンが、毎年同一の暦日に祝う祝祭日は存在しない」と書いた。世界祈禱日は祝祭日とはいえないが、世界中のクリスチャンが、住む場所や教派を問わず、同じ暦日に祈りを合わせるという意味では、キリスト教の世界でもっともエキュメニカル（教派を超えて結束、一致する）な日といえるかもしれない。

この日の起源は、十九世紀にさかのぼる。北米の女性たちが、教会の伝道活動を支えるための祈禱において、リーダーシップをとるようになったのがそもそものきっかけだ。一八六一年には女性による伝道委員会がもうけられ、一八八七年には長老派教会の女性たちが国内伝道のために、つづいてメソジスト教会の女性たちが外国伝道のために特別な祈禱日をもうけた。バプテストの女性たちが同様の日をもうけたのは一八九一年、聖公会が九五年である。数年のちには六教派の女性たちが連帯し、委員会を組織して、合同で祈禱する日を守るようになった。第一次大戦後は、伝道だけではなく、世界平和が祈りの課題として大きくとりあげられるようになる。

地域により一致していなかった祈禱日は、一九二二年からレントの第一金曜日で一致。一九二八年には「世界祈禱日」という名称が採用され、北米から全世界に向けて急速に広まっていく。第二次大戦を経て運動はさらに成長し、第二バチカン公会議（一九六二―六五年）以降はカトリック教会も加わり、一九六八年には国際委員会が組織された。レントを基準にすると東西教会で必ずしも日にちが一致できない現実に対処するため、現在の三月第一金曜日に実施日が変わったのは一九六九年のことだ。一九三一年当時四十七ヵ国だった参加国は、現在百七十を超えている。日本ではNCC（日本キリスト教協議会）女性委員会が主催し、地域の当番教会にさまざまな人びとが集って礼拝が行なわれている。

祈りの課題となった地域は、二〇一二年がマレーシア、一三年フランス、一四年エジプト、一五年バハマ、一六年キューバ、以降はフィリピン、スリナム、スロヴェニア、ジンバブエが予定されている。

ほかにエキュメニカルな記念日としては、十月の世界聖餐日がある。

◆聖パトリックの日（3月17日）Saint Patrick of Ireland

希正○　露正○　RC◎　聖公○　ルタ△　プロ×　〈黄金〉

アイルランドの使徒と呼ばれる聖人を記念する日で、当地ではクリスマスをしのぐほどの賑わいをみせる国民的祝日だ。その名はラテン語で「高貴な者」の意。パトリキウス、パトリキイ、巴特利爵、派翠克、柏迪とも書く。パトリシアは女性形。

生没年ともにはっきりしないが、五世紀に英国（ウェールズ地方説が有力）で生まれたとされる。十六歳のとき誘拐され、奴隷としてアイルランドに連れてこられた。一旦は脱出に成功したが、伝道者として再び戻り、それまでドルイド教が支配していたアイルランドにキリストの福音を伝えた。そのとき、三つ葉のクローバーの形をした「シャムロック」を使って三位一体《さんみいったい》の教義を説明したというエピソードがよく知られている。また、アイルランドに蛇がいないのは、聖パトリックが島から蛇（邪教の象徴）を追い出したおかげという伝説がある。緑の色の入った司教服を着て、足下に蛇が描かれた人物像があったら、それは聖パトリックに違いない。聖パトリック十字（St. Patrick's cross）とは白地に赤のX字形十字のことで、アイルランドの旗章としてユニオンジャック（英国国旗）に組み入れられている。英国の守護聖人のうち、本人がその守護する土地を訪れたのはこのパトリックと、ウェールズの聖デイヴィッド（→3月1日）しかいない。

アイルランド人のことをパット、また（侮蔑的に）パディと呼ぶことがあるが、これはパトリックの略称で、いかにアイルランドでこの聖人にあやかった命名が多いかがわかる。

アイルランドのほか、ペンシルヴァニア州、カリフォルニア州、ローマ・カトリック教会ボストン教区やニューヨーク教区などの守護者。とくに、ダブリンやニューヨークではこの日、聖パトリックを祝う盛大なパレードが行なわれ、商店の飾りつけは緑一色になり、ブラスバンドや軍楽隊に率いられつつ、人びとは緑の衣装やシャムロック（アイルランドの国花）を身につけて街を歩く。アイルランドでは、この日のために、世界中にちらばったアイルランド系の人びとが里帰りしてくる。日本でも一九九一年以来、この日に近い週末に東京などでパレードが開催されている。アイルランド（英領北アイルランドを含む）では法定休日。カナダ北東部のニューファンドランド・ラブラドール州、またプエルトリコ南東に位置する島で、二〇〇二年にサッカー世界最弱位の座をブータンとの間で争い話題になった英領モントセラトでもこの日はお休みだ。

◆聖ヨセフの日（3月19日）　Saint Joseph, husband of the Blessed Virgin Mary

希正○　露正○　ＲＣ◎　聖公○　ルタ△　プロ×　〈黄金〉

全能の神よ、あなたは、僕《しもべ》ダビデの家系から聖ヨセフを召し、おとめマリヤの夫とし、受肉されたみ子の守護者としてくださいました。（日本聖公会祈祷書）

聖母マリアの夫、ヨセフを記念する祭日。ローマ・カトリック教会では、三月はヨセフに捧げられた月とされていた。その名はヘブライ語で「加える」の意で、ヨセフによって神の恵みが増し加わる、と受けとれる。ジョーゼフ、ジョゼフ、ヨーゼフ、ヨゼフ、ジュゼッペ、ジョゼ、ホセ、ユゼフ、ヨシフ、イオシフ、若瑟、約瑟、約瑟夫、約熙福といった表記がある。ジョー、ジェフ、ペペ、ペッピーノ、ピーノ、ベッポ、ゼペットなど、略称・愛称も数多い。女性形はジョセフィン、ジョセフィーヌなど。

ダビデ王の血筋を引くヨセフは、イエスの養父で、ナザレで大工をしていた。結婚前に妊娠した婚約者のマリアを庇護し、生まれたイエスを（少なくとも少年時代まで）守り育てた。そのため、彼は全教会の特別な保護者とされている。聖なる母子に仕える信仰の人、「義人《ぎじん》」すなわち「正しい人」とも形容されるヨセフだが、福音書での言及は意外に少ない。ヨハネ伝では名前の言及のみ、マルコ伝に至っては名前すら出てこない。よって、イエスの受難以前に自然死していたと考えられている。

ヨセフとマリアの結婚の経緯に関しては、外典の『ヤコブ原福音書』（二世紀に成立）をはじめいくつも伝承があり、たとえば、ヨセフは最初の妻との間に四男二女をもうけ、九十歳になってから十四歳のマリアと再婚した、とする物語もある。絵画や彫刻では、杖をついた高齢の老人として描かれることが多い。カトリック圏にはヨセフ婚（独 Josephsehe／英 Josephite marriage）という表現があり、肉体関係を結ばないことを前提にした婚姻を指す。ヨセフはマリアと生涯性的関係をもたなかった、とする解釈を土台にしたもので、きよい配偶者の意味でマリアの浄配《じょうはい》と呼ぶ（英語圏の東方教会では「St. Joseph the Betrothed婚約者聖ヨセフ」という表現になる）。カトリックおよび正教会以外の教派では、必ずしもこの解釈はとらない。

イエスの養父であるヨセフは知名度こそ高かったけれども、西方でその祝日が暦に入ったのは比較的新しく、一四七九年のことだ。アビラの聖テレジア（一五一五—八二）によるヨセフ崇敬、フランスにおける奇跡の泉の出現（一六六〇年）などを通じてしだいに存在感を増していく。一七二九年には教皇ベネディクト十三世がヨセフの名を聖人の連禱に加えた。一八七〇年に全教会の保護者に指定。一九一四年からはイースター後の第三水曜日も同じくヨセフの日として祝ったが、一九五五年以降は新たに定められた**労働者（勤労者）ヨセフの日**（↓5月1日）がそれにとって代わった。三月十九日は枝の主日に重なる年があるが、その場合は前日に祝うか、レント以外の日に移動する規定がある。

スペインでは、ヨセフの祝日は長い冬が終わって春が始まる日とされている。バレンシアでは三月十二日から十九日にかけてサン・ホセ（聖ヨセフ）の火祭りが行なわれ、盛大なパレードのあと、最終日には張り子の人形が燃やされる。スペインの闘牛シーズンはこの祭りをもって開幕することになっている。

アメリカ南部のニューオリンズでは、この日教会をはじめ学校などの施設、家庭で「聖ヨセフの祭壇（食卓）」が設けられ、ヨセフの像の周囲にロウソクや花を飾り、たくさんのごちそうを並べる。シチリア島の干魃が聖ヨセフへの祈禱で回避できたことに感謝して農民たちがヨセフに収穫を捧げた故事に由来し、十九世紀末にイタリア移民が当地に伝えたもので、人びとは聖ヨセフの変わらぬ加護を祈願する。食べ物はその後隣人や貧しい人びとと分かち合う。ヨセフに捧げられた最大の聖堂は、カナダ・モントリオールの丘にある。ヨセフの取り次ぎを祈りながら「聖ヨセフの香油」で人びとを癒やした修道士アンドレ・ベセット（一八四五—一九三七、二〇一〇年列聖）が建てた小さな礼拝堂だったが、同修道士の死後増築されて、現在は年間数百万もの人びとを迎え入れる巡礼地となっている。

オーストリア、ベルギー、ボヘミア、カナダ、中国、韓国、ペルー、イタリアのトリノやフィレンツェ、シチリア島、ベトナムの守護聖人。父親、胎児、家庭、大工や家具職人、菓子製造人、会計係、労働者、移民、旅人、そして教会を庇護する。穏やかな死を願うとき、また疑惑やためらいを振り払うときには聖ヨセフに祈る。

スペイン、スイスのルガーノ教区、クロアチア、インドネシア、レバノン、マルタのローマ・カトリック教会では守るべき祝日。法定休日としているのはスペインやスイスの一部の地域、リヒテンシュタイン、マルタ、コロンビア（直後の月曜日に振替）など。スペインやイタリアでは「父の日」となっている。

東方教会では、十二月二十六日もしくはクリスマス後の最初の日曜日にヨセフの日を祝う。

◆受胎告知日（3月25日）Lady Day; The Annunciation Day; The Annunciation of the Lord; The Annunciation of the Blessed Virgin Mary

希正◎　露正◎　RC○　聖公○　ルタ○　プロ×　〈黄金〉

主よ、わたしたちは天の使いのみ告げによって、み子イエス・キリストが肉体を受け、人性《じんせい》を取られることを知りました。（日本聖公会祈祷書）

ナザレのおとめマリアが、天使ガブリエルから、救い主の母になると告げられたことを記念する東西教会の祭日。十二月二十五日のクリスマスからちょうど九ヵ月さかのぼった日に設定されている。神のお告げとか聖マリアへのみ告げの日とも呼ばれ、正教会では十二大祭のひとつ生神女福音祭として祝う。かつてカトリックでは聖マリアの御告《おつげ》の大祝日、聖公会では處女《おとめ》マリア蒙告日《もうこくじつ》（お告げを蒙《こうむ》る日）と呼んでいた。中華圏では預報救主降生節、聖母領報節、童貞女馬利亞聞報日、聖馬利亞聞報日などともいう。福音書では、ルカ伝およびマタイ伝のみに記述が見られる。

ルカ伝第一章によると、マリアの前に天使ガブリエルが現れて、こう言った。

「おめでとう、恵まれた方。主があなたと共におられる」

身ごもって男の子を産むと告げられたマリアは、ヨセフ（↓3月19日）といういいなずけをもつ身だったが、まだ男性を知らなかった。とまどう彼女にガブリエルは告げる。

「聖霊があなたに降《くだ》り、いと高き方の力があなたを包む。だから、生まれる子は聖なる者、神の子と呼ばれる。あなたの親類のエリサベトも、年をとっているが、男の子を身ごもっている。不妊の女と言われていたのに、もう六か月になっている。神にできないことは何一つない」

マリアは応える。

「わたしは主のはしためです。お言葉どおり、この身に成りますように」

こうして、ただの人間だったマリアが神への完全な信頼と謙遜を示したことにより、イエスが誕生することになる。この受胎告知（お告げのマリア）の場面は、フラ・アンジェリコやレオナルド・ダ・ヴィンチなど、名だたる芸術家の作品の題材となっている。なお、このときエリサベトが身ごもっていたのが洗礼者ヨハネで、三ヵ月後の六月二十四日にヨハネの誕生を記念する。

東方ではじめてこの祝日が守られたのは六世紀のことで、西方では八世紀までに全地域で祝われるようになった。日曜日にかかった場合は翌日に、また聖週間から復活の主日の週の二週間にかかった場合は、復活節第二主日の翌月曜日に祝うことになっている。

レバノンでは法定休日。イングランド、ウェールズ、北アイルランドでは四季支払日。前日の三月二十四日を、大天使聖ガブリエルの祝日とする教会もある。

◆オレンジとレモンの日（3月31日）Oranges and Lemons Day

希正× 露正× RC× 聖公△ ルタ× プロ×

英国のマザー・グース（伝承童謡集）にはこんな遊び歌がある。

「オレンジとレモン」
聖クレメントの鐘が鳴る
「おまえに五ファージングの貸しがある」
聖マーティンの鐘が鳴る……

この歌（歌詞には多数の異形あり）のメロディーを鐘の音に使い、また、年に一度この歌にちなんだ礼拝を行なっているのが、ロンドンのストランド街にある聖クレメント・デーンズ教会（イングランド聖公会）だ。

この礼拝はある牧師が考案したもので、同教会の鐘を修復したのをきっかけに、一九二〇年三月三十一日、第一回の礼拝が行なわれた。このときから鐘の音は「オレンジとレモン」のメロディーになり、地元の子どもたちが参加してオレンジとレモンが配られた。子どもたちがかなでるハンドベルの音色も呼び物のひとつとなった。戦争で教会が被災したのちしばらく礼拝は中断されたが、一九五九年に復活した。

現在、この礼拝につどうのは、聖クレメント・デーンズ小学校の児童たちである。三月の第三木曜日の午後、礼拝堂で「オレンジとレモン」にちなんだ劇やダンス、暗誦などを披露したあと、子どもたちは扉の外で司祭たちからオレンジとレモンを受けとり帰途につく。ちなみに、ロンドンにはイーストチープに聖クレメント教会があり、そちらのほうを童謡の本家として有力視する向きもある。

イースターと移動祭日
および四月
Easter, Movable Feasts and April

The Crucifixion of Jesus

◆イースターと移動祭日

以下からイースターを基準とする移動祭日を見ていくが、その前に、イースターの日取りについて触れておくことにする。

イースターの日取りについて

クリスマスは毎年固定した日に祝われるが、イースター、すなわちイエス・キリストの復活を記念する祝日は、毎年異なる日に祝われる。しかも、東西の教会でその日取りが食い違う年もあるし、同じ日に祝う年もある。これは、使っている暦が違うということのほかに、イースターの日取りの定義がそもそも異なっているためだ。まず、その定義について簡単に説明しておこう。

ユダヤ教の過越祭

イエス・キリストは木曜日に弟子たちと最後の晩餐をとり、金曜日に十字架に架けられた、というのが一般的なキリスト教会の理解である。そして、処刑のあった金曜日の夜、もしくはその翌日にユダヤ教の過越祭《パスカ》が始まったと考えられている。

過越祭は、ユダヤ暦第一月（これをニサンという）の十五日の前夜から始まり、その夜は満月に当たるのが基本だ。実際には、曜日の調整がされるため、天文学的な満月とは必ずしも重ならない。

キリスト教のイースター

キリスト教の世界において、イースターの日取りは、西暦三二五年に開催された第一回ニケア公会議の決定に基づく。「春分の次の満月後の最初の日曜日」がその定義である。この日が「日曜日」に来るのは、イエスが復活したのが日曜日に当たるためだ。満月と日曜日が一致した場合は、その次の日曜日がイースターとなる。また、春分の日当日が満月で日曜日ならば、次の満月につづく日曜日まで待たねばならない。だが、天文年鑑のデータを参考に、「春分の次の満月後の最初の日曜日」を計算しても、実際に教会で祝うイースターの日とずれる場合がある。これは、キリスト教界で称する「春分の日」と「満月」が、天文学的なそれとは必ずしも一致しないためだ。特定の地域での日時にとらわれず、世界中で（少なくとも同一教派の場合は）同じ暦日を祝うための宗教的な配慮と考えられる。

天文学的な春分は、三月二十日か二十一日にやってくるが、東方教会の場合、前述のニケア公会議の開かれた年の春分の日、すなわち、ユリウス暦三二五年三月二一日を基準にイースターの日を算定する。先に触れたように、ユリウス暦とグレゴリオ暦には、現在十三日のずれがあるため、東方教会のイースターはもっとも早い年でグレゴリオ暦の四月四日、遅い年で五月八日となる。

さらに、イースターのサイクルを西方教会が八十四年周期で考えるのに対し、東方教会では十九年周期で考える。加えて、ユダヤ教の過越祭には先行しないし、一緒にも祝わないという規定があるため、過越祭の初日と重なった場合は、さらに日取りがずれる。

いっぽう、西方教会では、春分の日をグレゴリオ暦の三月二十一日と固定して計算する。そのため、西方教会のイースターは三月二十二日以降、四月二十五日までの三十五日間にやってくる。また、教会からユダヤ的な要素をとり除こうとした結果、ユダヤ教の過越祭は一切考慮しないため、二〇〇八年や二〇一六年のように、これに先行する年もある。

東西教会のイースターの日取りを比べてみると、両者が一致する年も少なくない。だが、それ以上に、東方が西方の一週間遅れとなる年が多い。さもなければ五週間、あるいは四週間ずれることになる。※

教会の長い歴史のなかで、イースターをいつ祝うかは世界的な懸案事項のひとつとされてきた。二十世紀に入ってからも、その日取りを改革するさまざまな提案がなされてきたが、いまだ実現を見ていない。暦の問題について、詳しくは土屋吉正著『暦とキリスト教（増補改訂版）』（オリエンス宗教研究所　一九八七年）を参照されたい。

※東方正教会には、二十世紀に考案された修正ユリウス暦（二八〇〇年までグレゴリオ暦と同一の日付、つまり新暦）を使用している教会がある。コンスタンチノープル、アンティオキア、アレキサンドリア、ギリシャ、ルーマニア、キプロス、アメリカ正教会などが該当するが、これらの教会でも復活祭とそれに付随する移動祝日は旧暦に従っている。アルバニア正教会、エストニア使徒正教会も二〇一六年の復活祭は旧暦で祝った。
正教会全体の復活祭は、現状、同一の暦日でほぼ統一されているといっていい。

復活祭を新暦で祝う数少ない例外はフィンランド正教会で、法定教会として国家から財政援助を受けているため、国内多数派のルター派教会と同じグレゴリオ暦を使用している。

また、一九二四年に修正ユリウス暦を導入しながらも、現実にはほとんどの教会が旧暦使用をつづけ、二〇一四年になってユリウス暦に回帰したポーランド正教会のような例もある。


それでは、イースターを基準とする移動祭日を見ていこう。

〈イースター日付対照表［2016-2045］〉

西暦	ユダヤ教の過越祭	西方教会	東方教会	天文学的な満月
2016	4/23	3/27	5/1	3/23(水), 4/22(金)
2017	4/11	4/16	4/16	4/11(火)
2018	3/31	4/1	4/8	3/31(土)
2019	4/20	4/21	4/28	4/19(金)
2020	4/9	4/12	4/19	4/8 (水)
2021	3/28	4/4	5/2	3/28(日), 4/27(火)
2022	4/16	4/17	4/24	4/16(土)
2023	4/6	4/9	4/16	4/6 (木)
2024	4/23	3/31	5/5	3/25(月), 4/24(水)
2025	4/13	4/20	4/20	4/13(日)
2026	4/2	4/5	4/12	4/2 (木)
2027	4/22	3/28	5/2	3/22(月), 4/21(水)
2028	4/11	4/16	4/16	4/9 (日)
2029	3/31	4/1	4/8	3/30(金)
2030	4/18	4/21	4/28	4/18(木)
2031	4/8	4/13	4/13	4/7 (月)
2032	3/27	3/28	5/2	3/27(土), 4/25(日)
2033	4/14	4/17	4/24	4/14(木)
2034	4/4	4/9	4/9	4/3 (月)
2035	4/24	3/25	4/29	3/23(金), 4/22(日)
2036	4/12	4/13	4/20	4/10(木)
2037	3/31	4/5	4/5	3/31(火)
2038	4/20	4/25	4/25	4/19(月)
2039	4/9	4/10	4/17	4/9 (土)
2040	3/29	4/1	5/6	3/28(水), 4/27(金)
2041	4/16	4/21	4/21	4/16(火)
2042	4/5	4/6	4/13	4/5 (土)
2043	4/25	3/29	5/3	3/25(水), 4/24(金)
2044	4/12	4/17	4/24	4/12(火)
2045	4/2	4/9	4/9	4/1 (土)

日付はすべてグレゴリオ暦／ユダヤ教の過越祭は開始日を示した／「天文学的な満月」は中央ヨーロッパ時間（日本との通常時差マイナス8時間）による／東方と西方でイースターの日付が一致する年は ▒▒▒ で示した

◆カーニバル／謝肉祭（灰の水曜日に先立つ数週間―前日） Carnival

希正× 露正× RC× 聖公× ルタ× プロ×

主としてローマ・カトリック圏で、**レント**（後述）に先立ち行なわれる世俗の祝祭。レントの断食の前に、好きなだけ食べ、好きなだけ楽しんでおこう、という期間だ。教会の公式の行事ではないが、広い地域でさまざまなイベントが行なわれる。カーニバル（Carnival）の語源ははっきりしないが、中世のラテン語 caro vale（肉よさらば）、あるいは carnem levare（肉を片づける）と関係があるとされている。

カーニバルが始まる日は地域によって異なり、たとえばドイツのミュンヘンなどではエピファニーから、また、ケルンやラインラント地方では、十一月十一日午前十一時十一分に始まることになっている。二週間前から開始する地域もあるが、一般的には、灰の水曜日直前の三日間、とくに最終日である火曜日がもっとも盛り上がる時期だ。英語では、この日・月・火曜日をまとめて告解季節（Shrovetide）という。レントの前に告解（司祭の前で罪を告白し、赦しをもらうこと）をする慣習からついた名称だ。

日曜日には卵の日曜日（Egg-Sunday）、月曜日は肉片の月曜日（Collop Monday）という名称があり、それぞれ卵やベーコンエッグなどを食べた。

ドイツでは月曜日をバラの月曜日（Rosenmontag）というが、これは実はバカ騒ぎの月曜日（Rasender Montag）がつまったものというのが定説だ。火曜日はファストナハトディーンスターク（Fastnachtdienstag）といい、断食の始まる前夜の意味。ファストナハト（Fastnacht）はカーニバル全体を指す言葉になっている。

カーニバル最終日となる告解火曜日（Shrove Tuesday）には、水曜日から来る節制期間にそなえて、肉や動物性のものをたっぷり使った食事やお菓子を食べる慣習がある。フランス語でマルディグラ（Mardi gras）、英語では断食の火曜日（Fasting Tuesday）とかパンケーキ・チューズデイ（Pancake Tuesday）と呼ばれ、実際にパンケーキをつくる家庭が多い。ほかに告解火曜日の食べ物としては、ドイツではファストナハツクーヘンというドーナツ、ベルギーでは魚のスープ、イタリアではピーマンを添えたソーセージ、スウェーデンでは肉入りシチューや、セムラと呼ばれる生クリームを詰めたシナモン味のパンがある。ポーランドでは、ポンチェクというジャムの入った揚げ菓子がこの日の食卓に並ぶ。フィンランドでは、カンテラやロウソクを木に吊し、そりにのって遊んだ後、屋内に戻って、エンドウ豆のスープとアーモンドの入った特製のケーキを食べる。

パナマやアンゴラはこの火曜日を法定休日としており、ほかに月曜と火曜が休日の国にはベネズエラ、エクアドル、アルゼンチン、ブラジル、ボリビアなどがある。カーニバルのパレードと聞いてまず連想される都市は、ブラジルのリオ・デ・ジャネイロだろう。カーニバルの時期は南米では真夏に当たり、サンバグループのコンテストを見るために世界中から観光客が押し寄せる。南仏のニースでは山車《だし》に乗った美女たちがミモザの花を振りまき、イタリアのヴェネチアでは人びとが仮面をつけた美しい衣装で練り歩く。アメリカでは、ニューオリンズのマルディグラが有名だ。この時期はまだ厳寒のドイツでは、ケルンやデュッセルドルフ、マインツで盛大なパレードがある。スイスでは、中世からつづくバーゼルのファストナハトが名高い。そのほか、ベルギーではバンシュ、スペインではカディスやテネリフェ、ギリシャではパトラの祭りが知られている。英国では、女性たちがパンケーキをもって広場を走り抜けるイベントを行なう町もある。

こうしたカーニバルでしばしば見られる度を超えたどんちゃん騒ぎは、遠く古代ローマのサトゥルヌス祭（↓12月25日）にその起源があると見る向きもある。

◆西方教会のレント Lent

◆灰の水曜日（イースターの四十六日前）Ash Wednesday

希正× 露正× RC◎ 聖公○ ルタ○ プロ△ 〈黄金〉

カーニバルのお祭り騒ぎが終わると、いよいよレントの始まりだ。

西方教会では、イースターに先立つ四十日間を英語でレントという。イースターから四十六日前の水曜日を灰の水曜日と呼び、その日から六回の日曜日を除くイースター前日の土曜日までがレントの期間となる。この四十という日数は、旧約聖書のモーセやエリヤ、そして新約聖書のイエス・キリストが断食をした期間であり、象徴的な意味合いが強い。早い年では二月四日、遅い年でも三月十日にスタートする。灰の水曜日を公休日にしている国には、ブラジルやハイチ、ジャマイカなどがある。中華圏ではこの日を聖灰禮儀日とか灰日、蒙灰日という。

信者にとってレントは、十字架にかけられた主イエス・キリストの受難に思いをはせながら、一年のうちでもっとも厳粛な悔い改めと、修養、克己精進が求められる大切な期間だ。また、求道者にとっては洗礼の準備をするときでもある。

レントはラテン語でクワドラジェジマ（Quadragesima）、フランス語ではカレム（Carême）といい、いずれも四十を意味する。英語のレント（Lent）はLentenの短縮形で、語源は日が長くなる季節、すなわち春の意味だ。ドイツ語の通称ファステンツァイト（Fastenzeit）は断食期間を指す。日本のカトリック教会とルター派教会では「四十日間」という意味の**四旬節**《しじゅんせつ》、聖公会では節制を意味する**大斎節**《たいさいせつ》、その他の主なプロテスタント教会では**受難節**という言葉を使っている。禁教時代の潜伏キリシタンは「悲しみの節」と呼んだ。中華圏でもカトリックは四旬期、聖公会は大齋期といい、ほかに預苦期という表現がある。

イースター前の断食の慣習は古く、初代教会時代は洗礼志願者がイースターでの受洗に備えて、直前の数日間にこれを行なった。この日数を四十日と記した最初の言及は、三二五年のニケア公会議の記録に見いだせる。西方教会では、七世紀以降にこの日数が定まった。とくに、イエスが荒野で過ごした四十日間の苦しみを分かち合うため、キリスト者の間では、肉や乳製品、酒類を断ち、夫婦生活や、結婚式などの祝いごとを避けるしきたりが長くつづいた（レントを含む禁婚期間については二九九頁参照）。

古くは、レントの始まる日、信者は罪を悔いたしるしとして粗布をまとい、灰をかぶる慣習があった。それが「灰の」水曜日の名の由来である。十世紀に灰を回心者の頭に置くことが儀式化され、現在でもローマ・カトリックや一部の聖公会およびルター派の教会では、前年の枝の主日に祝別されたシュロを灰にして、この日の礼拝のときに頭にかけたり、額に十字の印をつける。人が、神によってつくられた塵に過ぎない（創世記三・19）ことを確認する儀式だ。聖公会では灰の水曜日を大斎始日《たいさいしじつ》という。他のプロテスタント教会でも、この日に礼拝を行なうところがある。

ローマ・カトリック教会ではこの時期、厳格な食事の節制が守られていた。その原則は時代と地域によって異なるが、日本ではかつてレント中の毎金曜日に大斎《だいさい》と小《しょう》斎《さい》、さらに灰の水曜日に小斎を守ることになっていた。一九六六年以降は、灰の水曜日と聖金曜日の二日間のみ、大斎と小斎を守ればよいことになった。現在の日本のカトリック教会でいう大斎とは、一日一回だけ充分な食事をとるという、量の制限を指す。また、小斎は量ではなく食べ物の種類の制限、具体的には鳥獣の肉を控えることを意味し、今も祭日を除く毎金曜日は小斎を守る日とされている。こうした節制は、幼児や高齢者、妊婦や病人などには免除される。

日本聖公会では、現在でもレント中は主日を除く毎日が斎日、灰の水曜日と聖金曜日は断食日と定めているが、形式や実施は個人の判断にまかされている。
とくに食べ物の節制はしない人びとも、信仰の業の励行に留意する。イエスの生涯とその苦難に思いをはせながら、自らを省みて、深い祈りの時をもつ。節制によって手元に残ったお金を特別な献金（克己献金）として捧げ、教会や、その他助けの必要な人びとのために用いることもよく行なわれる。近年ではインターネット接続を断つ、SNSから離れることを節制の一環として実行する人もいる。

土から出て土に帰って行《ゆ》く　わたしたちが、
四旬節の務めに励み、罪の　ゆるしを受けて新しい　いのちを得、
復活された御子《おんこ》の姿に　あやかることができますように。
（カトリック教会ミサ典礼書　ミサ中の祈り）

ローマ・カトリック、聖公会、ルター派教会では祭色が紫になり、この時期の礼拝では「アレルヤ」や「大栄光の歌（グロリア）」は歌わない。祭壇などを飾る献花もふだんより控えめになったり、一切とり払われたりする。十字架や磔刑像、聖像をかかげる聖堂では、それらを白や紫、黒の布で覆うところもある。「十字架の道行き」

の祈りを捧げる信者も多い。

英国ではちょうどレントの時期に黄色い花を咲かせる野生のラッパ水仙のことを、レントリリー（Lent lily）とも呼ぶ。レント学期（Lent term）といえば、一月半ばから始まる大学の春学期を指す。

レントを象徴する食べ物として、ソフトプレッツェルが北米の一部の教会で近年クローズアップされている。プレッツェルの起源には諸説があるが、教会で好まれる説明は、もともとレント用のパンとして考案されたというもの。水と塩のみで小麦粉をこね、レントが祈りの時期であることを思い起こすために、胸の上で腕を交差する祈りのポーズに成形して焼いた。三つの穴は三位一体を表している。こうした説明の下、日曜学校の子どもたちがプレッツェルを焼き、皆で分かち合い、レントが祈りの時期であることを思い起こす。

コラム〈西方の四旬節（レント）は本当に四十日間？〉

断食の四十日間は、最初からその日数がどこでも守られていたわけではない。開始

東西のレントの違い（21世紀）

	東方教会	西方教会
準備期間の開始	イースターの70日前	63日前（一部の教会のみ）
レントの開始	イースターの48日前	46日前（灰の水曜日）
レントの期間	48日間 土日を含む	38〜40日間 日曜日を除く
断食の基本ルール	細かくて厳格	簡略化された
聖変化をともなう聖体礼儀／ミサ	土日のみ執行可	聖金曜日を除き可

と終了時期、そして期間は地域や時代によって異なり、段階を追って現在の形になったものである。

古いローマ典礼では、イースターの六週間前の日曜日（現在のレント第一主日）に始まり、聖木曜日に終わる四十日間とされていた。六世紀頃からは、日曜日を断食からはずして、聖土曜日が最終日となった。期間を同じ四十日間とするためには、始まりを四日間早めなければならない。こうして現在の**灰の水曜日**が定着する。

ところが、現在のローマ・カトリック教会のレントは、四十日に満たない。聖木曜日の夕刻をもって終了するからだ。これに対して、聖公会やルター派教会などでは灰の水曜日から聖土曜日までの（途中の日曜日をのぞく）四十日間を今も守っている。

コラム〈西方にレントの準備期間はある?〉

東方に大斎《おおものいみ》準備期間があることはこのあとの項目で触れるが、いっぽうの西方にも同じ準備期間があった(教会によっては、今でもある)。英語ではPre-Lent (Pre-Lenten Season) という。

灰の水曜日がレントの開始日となったのと同じ六世紀頃、灰の水曜日直前の日曜日を**五旬節** (Quinquagesima)、その一週間前を**六旬節** (Sexagesima)、二週間前を**七旬節** (Septuagesima) と呼び、教会はこの七旬節の日曜日からレントを迎える態勢に入った。ただし、断食はまだ義務ではない。これらの日をイースターから換算すると、七週間前、八週間前、九週間前となる。これらの呼称は、十九世紀においてはルター派やメソジスト教会の暦にも見出すことができる。

二十世紀の半ばを過ぎると、主要教派からこの区分が消えていく。ローマ・カトリック教会では一九六九年にこの四旬節前の期節を廃止し、イングランド聖公会でも一九八〇年版祈禱書から消えた。日本聖公会では**大斎前節**《たいさい》と呼んでいたが、一九九一年版祈禱書から廃止。ただし、カトリックや聖公会から分派した保守的な教会などでは、現在でもこの準備期間を守っているところがある。

◆東方教会の大斎《おおものいみ》 Great Lent

希正○　露正○　RC×　聖公×　ルタ×　プロ×

東方正教会においては、イースター前に節制をする七週間（四十八日間）を大斎《おおものいみ》という。日本語の漢字表現は同じ「大斎」でも、カトリックの大斎《だいさい》とは意味が異なり、正教会の大斎は、斎《ものいみ》、すなわち節制と祈りの日がつづく長い期間をさす。西方のレントをさらに長くしたもので、加えて食事に関する節制のルールは西方よりも細部にわたって定められている。

イースターが東西の教会で同じになる年は、前項で記した西方教会の**灰の水曜日**の二日前、月曜日から精進の時期に入る。さらに、それに先だって**大斎準備期間**と呼ばれる時期が三週間（二十二日間）ある。

大斎準備期間が始まるのは、イースターの十週間前、「税吏とファリセイの主日(Sunday of the Publican and Pharisee)」と呼ばれる日曜日だ。斎（節制）の原則は地域によって、また一般信者か修道士かによっても異なり、修道院ではとくに厳格な規則がある。この週はまだ食べ物の節制はないが、その次の日曜日、すなわち「放蕩息子の主日（The Prodigal Son Sunday）」の週の水曜日と金曜日に、一部の修道院では油と酒類を断つ。そして翌週、「断肉の主日（Meatfare Sunday）」と呼ばれる日曜日の翌日から「乾酪《かんらく》週」が始まり、一切の肉類を断つ。この週をロシアではマースレニツァ（カーニバルの同義語）といい、バターを入れたブリヌイというパンケーキを食べる慣習がある。

そして、イースターの七週間前に「乾酪の主日（Cheesefare Sunday）」がやってくる。この日の晩には、教会において「赦罪の晩課（Forgiveness Vespers）」という特別な相互和解の儀式が行なわれる。全聖職者と全信徒がそれぞれの聖堂に会し、晩禱の終わりに、ひとりひとり互いの前で跪《ひざまず》いて罪を赦し合うのである。この晩課の終了とともに、大斎への準備は完了し、翌月曜日からいよいよ大斎に入る。

大斎期間中、一般には、月曜日から金曜日までの平日は畜肉や魚肉、乳や卵を使った製品、酒類を断ち、油も最低限にとどめる。日曜日には断食が免除される西方教会とは違い、東方では日曜日も斎がつづくが、土曜日と日曜日には（修道院では生神女福音祭と聖枝《せいし》祭《さい》のみ）魚肉を口にすることが許される。

受難週間に入ってからの斎はさらに厳しく、とくに聖金曜日からイースターまで、完全な断食を行なう者もいる。

右の基本を厳密には守らない信者でも、この時期に娯楽を避けたり、煙草や酒などの嗜好品を控える人は多い。ギリシャでは、大斎の始まる月曜日をカサラ・デフテラ（清い月曜日、英語でClean Monday）といい、公休日になっている。この日にはラガナという種なしパンを食べたり、ピクニックにでかけて凧を揚げたり、イカやタコなどを素材とした大斎用の食事をする家庭もある。レストランはもちろん、ファストフードの店にも大斎用メニューが用意されていることが多い。

我等主に悦《よろこ》ばれ善く受けらるる斎《ものいみ》を守らん。
真の斎は乃《すなわち》悪事を離れ、舌を慎み、怒りを釈《と》き、
諸欲を断ち、毀謗《そしり》と、詐譌《いつわり》にと、
誓《ちかい》に背くこととを除く。
（三歌斎経　大斎第一週間月曜晩課の讚頌〜日本ハリストス正教会訳　一九一一年）

革命前のロシアでは、大斎中のある期間、劇場や映画館、ダンスホールなど娯楽所は全て閉鎖され、人びとは喪服を着ていた。現在でも、地域によっては大斎中、とくにイースター前の一週間には、街の食堂から肉類のメニューが一切消えることがあ

る。西方に比べると、東方のクリスチャンは斎の慣習に重きを置いているので、この時期に正教徒と会食しようという人は注意が必要だ。また、正教圏で肉を使った食事を楽しもうとする旅行者は、いろいろな意味で努力が必要かもしれない。

大斎中の五回の日曜日、および聖大木曜日、聖大土曜日には、ふだんの礼拝よりも長い「聖大ワシリイの聖体礼儀」という礼拝が行なわれる。また、聖職者の祭服は日曜日が紫、週日は黒を用いる。ふだんは腰から頭をかがめる躬拝《きゅうはい》をしている信徒たちも、大斎期には伏拝（床にひれ伏すポーズ）をする回数が増える。

大斎期間だけの祈りや聖歌はたくさんあるが、代表的な大斎の祈りには、シリアの聖エフレム（三七三年没）のものがある。

主　吾《わ》が生命《いのち》の主宰《しゅさい》よ、
怠惰《おこたり》と、愁悶《もだえ》と矜誇《ほこり》と、
空談《むだごと》の情《こころ》を我に与ふる勿《なか》れ。
貞操《みさを》と謙遜《へりくだり》と忍耐《こらへ》と愛の情《こころ》を
我爾《われなんぢ》の僕《ぼく》（婢《ひ》）に与へ給へ。
嗚呼《ああ》主王《しゅわう》よ、我に我が罪を見、我が兄弟《けいてい》を議《ぎ》せざるを賜へ、蓋《けだし》爾は世世《よよ》に崇《あが》め讃《ほ》めらる。「アミン」。

（日本ハリストス正教会訳　小祈禱書より）

◆レント第四主日　Fourth Sunday in Lent

希正×　露正×　RC○　聖公○　ルタ○　プロ×

神の民よ喜べ、神の家を愛する　すべての者よ、ともに集《つど》え。
悲しみに沈んでいた者よ、喜べ。
神は豊かな慰めで　あなたがたを満たしてくださる。

（カトリック教会ミサ典礼書　入祭唱）

長いレント期間の折り返し点に位置する日曜日。アドベント第三主日と同様に、バラ色の祭服が用いられ、オルガンが演奏され、祭壇に花が飾られる。この日くらい、いろいろな名称がある日も珍しい。英語でいうミッド・レント・サンデー（Mid-lent Sunday）は、そのまま、レントのなか日という意味だ。

喜びの主日 Laetare Sunday; Rejoice Sunday

ローマ・カトリック教会において、この日のミサの入祭唱が「神の民よ喜べ」（イザヤ六十六・10）で始まることに由来する。ラテン語の句"Laetare Jerusalem"から Laetare Sunday、英語の句"Rejoice, O Jerusalem"から Rejoice Sunday と呼ばれるようになった。「エルサレムの主日（Jerusalem Sunday）」ともいう。

バラ色の主日 Rose Sunday

先に触れたアドベント第三主日（喜びの主日）も同じ名称で呼ばれているが、旧い英語辞典では、Rose Sunday の定義として、こちらのレント第四主日しか載せていないことが多い。

ローマ教皇が折々にカトリックの元首や聖堂などに贈る「黄金《こがね》のバラ（Golden Rose）」の祝福がこの日に行なわれることが名称の由来と思われる。また、レントの中間まで無事に来たことを祝うためにバラの花を教会にもち寄った慣習から来た、とする説もある。もちろん、司祭のバラ色の祭服から来ていると考えることもできる。

リフレッシュメント・サンデー Refreshment Sunday

イングランド聖公会の祈禱書では、この日に読まれる福音書として、イエスが五千人に食物を与える奇跡の場面（ヨハネ六）を載せている。このため、十九世紀以降に、「リフレッシュメント（気分を一新させること、または食事の意）の主日」と呼ばれるようになった。

母の日主日　Mothering Sunday

こちらの名称も、イングランド聖公会の祈禱書が起源。その日の使徒書の箇所が「エルサレムは……自主にして我らの母《マザー》なり」（ガラテヤ四・26）であることから、マザリング・サンデーと呼ばれた。

マザリングとは十六世紀頃に始まった慣習で、遠くの土地へ奉公に出た子どもたちがミッド・レント・サンデー、すなわちこの日に休暇をもらい、ケーキや贈り物をもって里帰りした。また、寄宿学校に入っている子どもたちも、この日に帰宅して母の元で過ごすことが許された。アメリカ起源の母の日は五月の第二日曜日だが、英国ではこの日が母の日とされている。

この日は別名「シムネル・サンデー（Simnel Sunday）」といい、この日にシムネル・ケーキというフルーツケーキを食べる習慣は今でも地方に残っている。その地域の大聖堂や、洗礼を受けた教会（母教会）を訪問する人もいる。

◆聖週間（受難週）Holy Week; Passion Week

◆枝の主日 Palm Sunday; Passion Sunday

希正◎ 露正◎ ＲＣ◎ 聖公◎ ルタ◎ プロ△ 〈黄金〉

聖週間は、十字架に磔《はりつけ》にされたイエス・キリストの受難と死を悼み、その喪に服し、悔恨するための一週間である。**レント**の最終週に当たり、この時期の節制が、歴史的にもっとも古くから守られてきた。西方教会では、イースターの七日前に当たる**枝の主日**から始まる。日本の教会の用語では、ローマ・カトリック教会が**聖週間**、ほかの教会では**聖週**とか**受難週**という。正教会では月曜日から始まる六日間を**受難週間**と呼んでいる。英語のパッションウィークのパッションとは情熱ではなく、キリストの受難の意味。音楽のジャンルでパッションといえば、キリストの受難をテーマにした「受難曲」のことだ。パッションフラワーと呼ばれる花があるが（その果実はパッションフルーツ）、これは雄しべと雌しべの形が十字架にかけられたキリストの姿を連想させるために名づけられた。日本では時計草の名前がついている。

さて、聖書に従ってイエスの一週間を簡単に追ってみると、まず日曜日にエルサレムに入城する。翌月曜日に無花果樹の呪い、宮潔めの出来事があった。火曜日は終末の預言、水曜日にはユダの裏切りがあり、足に香油が注がれた。木曜日に使徒たちの足を洗って最後の晩餐をとり、ゲツセマネで祈る。金曜日にピラトの裁判と十字架の受難、埋葬があり、土曜日に墓のなかにいたイエスは、黄泉に下り、義人を救う。そして翌日曜日の早朝、死から甦るのである。

枝の主日は**受難の主日**（中華圏では基督苦難主日、受苦主日、聖枝主日、棕櫚主日、棕枝主日、棕樹主日）ともいい、イエスのエルサレム入城を記念する日だ。そのとき群衆がナツメヤシの枝（聖書によってはシュロの枝と訳されている）を手にとって出迎えたことにちなみ、一部の教会ではシュロの葉やオリーブの小枝などを聖水で祝別し、信徒はそれをもち帰る。また、シュロの葉でつくった十字架を配る教会もある。東方正教会では**主の聖枝祭**《せいしさい》といい、十二大祭のひとつとして祝う。ロシアではシュロの代わりに主としてネコヤナギを用いるため、この日をヴェールブノエ・ヴァスクレセーニエ、すなわちネコヤナギの日曜日と呼ぶ。

過越祭の六日《むいか》前
エルサレムに入られた主を
子どもらは、枝を振りかざし、
声高らかに迎えて歌う。
天には神にホザンナ。
神の　いつくしみのうちに来られた　かたに賛美。

（カトリック教会ミサ典礼書　入祭唱）

英語ではパーム・サンデーというが、パームとは手のひらのことで、葉の形が開いた手に似たヤシ科の植物の総称でもある。ナツメヤシも英語でいうとデート・パーム（date はギリシャ語で「指」を意味する daktylos が語源）だ。また、枝の主日に用いるほかの植物、たとえばネコヤナギ、ハシバミ、イチイ、月桂樹、カラマツ、ドイツトウヒ、アメリカツガなどの植物もパームと呼ばれることがある。
ドイツのある地方ではトウヒやモミで飾り棒をつくり、教会で祝福してもらったあとは家や納屋、畑などに立てて幸運と豊穣を祈願する。また、ロシアでは祝福されたネコヤナギの小枝で体を叩くと、一年間健康に恵まれる、という俗信もある。

スペインでは、セマナ・サンタ（聖週間）の間、多くの街で信者たちのパレードが行なわれる。とくにセビリアのものが有名で、各教区の信徒が、豪華に飾られた山車を率いて行進する。グアテマラの古都アンティグアでは、道に花びらや色つきのオガクズでつくった色鮮やかな絨毯（アルフォンブラ）を敷き詰め、その上を御輿をかついだ行列が練り歩く。

聖週間はまた、イースター準備の追い込みに入るときだ。家庭では服や帽子を新調したり、部屋を大掃除したり、特別なお菓子やパン、料理を準備する。世俗化した現代社会においては、これらの準備がもっぱら家庭内の行事、つまり宗教色を抜きにした季節のイベントとして行なわれることも多くなっている。聖週間とは、オフィスや学校、商店が一斉に休みとなるただの大型連休でしかないという認識の人びとも増えており、とくに聖金曜日からイースターまで、あるいは翌月曜日（この日を休みとする地域も多い）までの三、四日間は、休暇先に移動する人で道路や空港、鉄道駅は大混雑となる。実際、日本の「盆と正月」とそっくりな感覚で「クリスマスとイースター」には親元に帰る、という人は多い。

聖週間の木曜日からは、ローマ・カトリック教会において**聖なる過越の三日間**（Easter Triduum）が始まる。この期間は、どんな記念日と重なってもこの三日間の典礼が優先される、いわば教会行事の頂点に立つ期間だ。三日間の礼拝は行なわないプロテスタントでも、**聖金曜日**には祈りの時をもつ教会がある。

以下、ローマ・カトリック教会の典礼を中心に見てみよう。

◆聖木曜日（洗足《せんそく》木曜日） Holy Thursday; Maundy Thursday

希正○　露正○　RC○　聖公○　ルタ○　プロ△

イエスの最後の晩餐を記念する日。

ローマ・カトリック教会では、この日の午前中に司教が香油を聖別するミサを行なう。このとき、司教は司祭に対して叙階の約束の更新をうながすが、これは、司祭職が使徒たちに与えられたことを記念する日でもあるからだ。現在のカトリック教会では、このミサをもってレントが終了するが、他の教会では、聖土曜日までレントはつづく。

聖なる過越の三日間が始まるのは、聖木曜日の夕刻後、主の晩餐の夕べのミサからである。このミサでは、受難の前夜にイエスが十二人の使徒の足を洗ったという福音書の記述（ヨハネ十三）にならい、司教や司祭が信徒や聖職・修道者の足を洗う儀式

（洗足式 maundy）が行なわれる。このためこの日は洗足木曜日、中華圏では濯足節とか濯足日ともいう。なお、洗足式で足を洗われるのは男性の信者に限定されていたが、ローマ教皇フランシスコは二〇一三年着座後初の聖木曜日に少年院を訪れ、非キリスト教徒や女性を含む青年らの足を洗い話題になった。男性限定の制限がミサ典礼書の注記から削除されたのは二〇一六年である。

つづいて、聖体が制定された記念のミサが捧げられる。最後の晩餐において、イエスが命じたことばに対応するものだ。

わたしがあなたがたに伝えたことは、わたし自身、主から受けたものです。すなわち、主イエスは、引き渡される夜、パンを取り、感謝の祈りをささげてそれを裂き、「これは、あなたがたのためのわたしの体である。わたしの記念としてこのように行いなさい」と言われました。また、食事の後で、杯も同じようにして、「この杯は、わたしの血によって立てられる新しい契約である。飲む度に、わたしの記念としてこのように行いなさい」と言われました。だから、あなたがたは、このパンを食べこの杯を飲むごとに、主が来られるときまで、主の死を告げ知らせるのです。　（一コリント十一・23―26）

このことから、聖木曜日は「聖体（聖餐）が制定された日」とされている。中華圏の一部でこの日を（基督）設立聖餐日と呼んでいる所以である。また、正教会で最後の晩餐のことを「機密の晩餐（Mystical Supper, Mystikos Deipnos）」と呼ぶのも、聖体という機密《ミステリー》（西方教会でいう、聖体のサクラメント／秘跡）が制定された晩餐という理解を示している。

さて、司祭はこの日のミサで翌日に用いる分のパンも聖別しなければならない。ミサ後は聖櫃《せいひつ》から聖体（ホスチア、パン）をとり出して空にし、祭壇上のすべての装飾をとり除く。聖木曜日には、会衆の参加しない（司祭だけの）ミサを行なうことは禁じられている。

プロテスタントでもこの日の夕刻、あるいは直前の日曜日に聖木曜日を記念した聖餐式を執行する教会がある。ある教会では、最後の晩餐にならったシンプルな食材の愛餐会（Agape meal）を行ない、信徒同士で簡素な食事をともにしたあとに洗足式と聖餐式にのぞむ。礼拝終了後は、イエスのゲツセマネの祈りにならって、信徒らによる祈りのリレーが朝まで行なわれる。

イングランドのエリザベス一世（在位一五五八―一六〇三）からジェイムズ二世

（在位一六八五―八八）までの国王は、この日に自分の年齢と同じ人数の貧者の足を洗うのを慣例としていた。また、十四世紀のエドワード二世の時代から現在まで、国王が貧者に金銭や食料、衣類を施す日となっており、この日のために鋳造される特別の銀貨はMaundy moneyと呼ばれ、君主の年齢と同じ数の人びとに贈呈される。二〇一六年は女王の生誕九十年を記念して、男女それぞれ九十名に贈られた。

家庭では、この日に大掃除を始めるところも多い。イースター用に卵を彩色する場合は、聖木曜日に行なうのがよいとされている。ちなみに、前日の水曜日をユダの裏切りに関連して「スパイの水曜日（Spy Wednesday）」と呼ぶことがある。

ノルウェー、デンマーク、アイスランド、ベネズエラ、パラグアイ、コスタリカなどでは翌日の金曜日と併せて、またフィリピンではこの日から土曜日まで連続して法定休日。

西方ではこの日の九週間後、再び「キリストの聖体」を記念する日がある。

◆聖金曜日　Good Friday; Holy Friday

希正○　露正○　RC○　聖公○　ルタ○　プロ△

イエスがゴルゴタの丘で十字架にかけられ、亡くなったことを記念する日。聖公会では受苦日《じゅくび》、中華圏では（救主）受難日ともいう。ローマ・カトリック教会では大斎《だいさい》と小斎、聖公会でも断食をする日とされている。

英語でいうグッド・フライデー（Good Friday）のグッドは、良いという意味ではなく、教会によって聖別された日、または季節のことを指す。ドイツ語のカールフライターク（Karfreitag）は、悲嘆の金曜日というほどの意味である。

聖金曜日は、いわばクリスチャンが喪に服す日だ。毎日ミサを行なっているローマ・カトリックの教会や修道院でも、一年で唯一、この日だけはそれを行なわない。かつては聖体拝領も認められなかったが、一九五五年以降は、前日に聖別されたパンを信者全員が拝領できるようになった。

午後三時は伝統的にイエスが息を引きとった時間と考えられており、その時間から礼拝を始める場合がある。また、イエスが十字架にかかっていた午後一時から三時の間に、十字架称賛の式を行なう教会もある。一切の装飾も、ロウソクの灯りも音楽もない聖堂で、信者たちは順番に十字架の前に立ち、あるいは席に着いたまま、黙想する（磔刑像つきの十字架の場合は、イエスの傷に接吻する人もいる）。地域によっては、悔悟者が自らを鞭打ったり、ゴルゴタの道の歩みを追体験する十字架行列などが行なわれる。

プロテスタントでも、教会によってはこの日に祈禱会や礼拝を行ない、主の受難と死を思って祈りを捧げたり、福音書にあるイエス受難のくだりを輪読したりする。

東方正教会では、この日、「眠りの聖像（死んだキリストが描かれた覆い）」が至聖所（聖障《イコノスタス》で仕切られた聖堂奥の部分）から聖堂の中央へ捧出される。日没後に司祭や信者たちが葬儀の行列をつくり、キリストの棺を先頭にして街を歩く地域もある。

聖金曜日は、神を信じない人のために祈りを捧げる日でもある。イングランド聖公会では、ムスリムのために祈禱を捧げる日として知られていた。そのほぼ直訳が、日本聖公会の戦前の祈禱書にも入っている。

万民の造主《つくりぬし》・憐《あはれ》み深き神よ。主は造り給《たま》ひし者をことごとく愛し、罪人《つみびと》の死ぬるを好まず、主に帰りて生くることを喜びたまふ。願くはユダヤ人《びと》・マホメット教徒・未信者・異端者を憐み、其《そ》の知らざるを悟らせ、その頑固《かたくな》なるを柔らげ、御言《みことば》を軽

んずる心を除き給へ。（日本聖公会　一九一五年改訂増補祈禱書　受苦日の特禱）

多くのキリスト教国で法定休日、もしくは実質的に半休や全休の日になっている。アジアではシンガポール、スリランカでも公休日。英国では、ホット・クロス・バンズという十字を記した菓子パンを聖金曜日の朝食に食べる慣習がある。また、この日にリヴァプール近郊では、イスカリオテのユダをかたどった人形を燃やすという。一九九八年のこの日に大リーグの試合が行なわれたことに対し、カトリックのニューヨーク大司教から抗議のコメントが出された。また、聖金曜日は一八六五年にリンカーン大統領がワシントンDCの劇場で撃たれた日（翌日死亡）として記憶している人もいる。

◆聖土曜日 Holy Saturday

希正○　露正○　RC○　聖公○　ルタ○　プロ×

聖土曜日はイエスが墓で安息した日（旧い表現では吾主墓中の御滞在の日）なので、ミサは行なわず、昼間にはとくに行事はない。この日、聖体拝領は臨終の人にのみ許される。夕刻以降から、ローマ・カトリック教会や聖公会において復活徹夜祭が行なわれるが、これはイースター（次項目）の礼拝となる。

かつてカトリック家庭の子どもたちは、聖木曜日にはすべての鐘がローマへ飛んでいき、ローマ教皇に祝福されたあと、この日に戻ってくると聞かされていた。これは、木曜日の典礼終了後から土曜日の復活徹夜祭までは（喪に服すため）鐘を鳴らさないというならわしを、子ども向きに説明したお話のひとつ。

スウェーデンでは、イースター当日ではなくこの日の夕に家族や友人たちが集まってディナーを囲む。少女たちが魔女の扮装をして「グラード・ポスク（ハッピー・イースター）」と言いながら近所の家を訪ね、お菓子をもらうハロウィーン（↓10月31日）に似た行事も近年盛んになっている。

◆イースター（復活祭）Easter

希正◎　露正◎　RC◎　聖公◎　ルタ◎　プロ◎　〈黄金〉

キリストが復活しなかったのなら、わたしたちの宣教は無駄であるし、あなたがたの信仰も無駄です。

（一コリント十五・14）

使徒パウロ（↓1月25日）が右のごとく語ったように、イエス・キリストが死から甦ったことは、キリスト教の告げる福音の核心である。これを記念するのがイースターであり、キリスト教で最大かつ、もっとも古くから祝われている祭日だ。東方教会では「祭りの祭り、祝いの祝い」と称して、とくに盛大に祝う。また、東西いずれの教会でも、信者であればせめて年に一度この日だけは礼拝に出て、告解し聖体を受けるようすすめている。そのため、ふだん教会に行かなくてもこの日だけは足を運ぶ、という人もいる。カトリック圏で「復活祭に聖体拝領するようなもの」といえば、それは最低限の義務、はずせない定番の意味となる。

英語のイースター（Easter）は、アングロサクソン神話における暁もしくは春の女神エイオストレ（Eostre; Eastre）の名から派生したものと考えられている。いっぽう、ドイツ語で復活祭を表すオースターン（Ostern）は、ゲルマン神話の春の女神アウストロ（Austro）を語源とするという説もある。この女神はギリシャ神話の曙の女神エーオース（Eos）、そしてローマ神話のアウローラ（Aurora）と同格とされている。すなわち、厳しい冬が終わって新しい命が芽生える「春の祭り」が背景にある。

これに対して、ギリシャ語のパスカ、ラテン語のパスクア（Pascha; Pascua）、フランス語のパック（Pâques）など、多くのヨーロッパ言語では、ユダヤ教の過越祭（ヘブライ語でパスハー Pesah; Pesach）に当たる語を、そのまま転用している。日本においては、春祭でも過越祭でもなく、キリスト教の核心をずばりついた復活祭（復活大祭、カトリックで旧くは吾主御復活の大祝日）の語を使っているのは興味深いところだ（中華圏でも復活主日、復活節、基督復活日など「復活」の文字を使う）。なお、復活祭は俳句でも春の季語となっている。

パスカから派生した名前・姓はとくにイタリアおよびフランスに多い。パスカーレ（Pasquale）、パスコ（Pasco）、パスカル（Pascal）などはその一例である。

さて、聖土曜日の項目で触れたように、ローマ・カトリックや聖公会、さらに一部のルター派教会では、土曜日の夕刻から深夜十二時直前までの間に、復活徹夜祭が始まる。まず行なわれるのは、復活したキリストを象徴する大ロウソクの祝別式だ。信者たちは、暗い聖堂のなかにロウソクを手にして待機する。司祭は火を祝福し（かつては、この日に使う火は近代的な手段を避けて、火打ち石で点火した）、復活のロウソクに火をつけ、「キリストの光」と唱える。その火が会衆のもつロウソクに次々に点火され、聖堂が徐々に明るくなっていく様子はとても美しい。

キリストは　わたしたちのために血を流して、
永遠の父に、アダムの罪の負債を返し、その重荷を解いてくださった。
きょうこそ、まことの過越の祝い、
神の小羊が　ほふられ、信じる者は　その血によって神の民となる。
（カトリック教会ミサ典礼書　復活賛歌）

その後、聖書の朗読と説教があり、つづいて成人の洗礼式が（場合によっては堅信式も）行なわれる。見守る信者たちも、洗礼の約束を新たにする。この徹夜祭の終了後、日曜日のふだんの時間にも礼拝がある。

プロテスタント教会では、真夜中には礼拝は行なわず、代わりに公園や海岸、墓地などで日の出の時間に早天礼拝を守るところがある。墓地を会場とするのは、福音書においてマグダラのマリア（↓7月22日）が空《から》の墓を見たことに由来する。また、普段の時間にイースター礼拝を行なったあとさらに墓前礼拝を行なう教会、日の出の時間を含めて午前中に複数回の礼拝と朝食会を行なう教会などもある。

東方正教会の**復活大祭**は、すべてのキリスト教の儀式のなかでもっとも荘厳だ。真夜中近くから深夜祈禱が始まり、眠りの聖像が司祭の手によって至聖所のなかに遷座され、宝座（祭壇）の上に安置される。つづいて、信者たちはロウソクに火をともし、十字架を先頭に聖堂の周囲をぐるりとまわる十字行《じゅうじこう》を行なう。時計が深夜の十二時を告げると、閉じていた聖堂の扉が開いてなかから光があふれ、誰もが「ハリストス復活！」「実《じつ》に復活！」と挨拶を交わす。

ハリストス死より復活し、死を以《もっ》て死を滅《ほろぼ》し
墓に在《あ》る者に生命《いのち》を賜へり。

（パスハの讃詞《トロパリ》　日本ハリストス正教会訳　小祈禱書より）

イコノスタス（聖堂の至聖所と聖所とを隔てる壁）の門はすべて開け放たれ、周囲に飾られた花が美しい。鐘が高らかに鳴り響き、人びとは復活の賛歌を声の限りにうたう。信者たちが司祭から受けたロウソクの火は、「今年の火」として大切に家までもち帰り、イコンの前に置いてあるランプにその火を移すしきたりがある。

さて、欧米でイースターのシンボルといえば、まず卵とうさぎが挙げられる。うさぎは日本では冬の季語だが、欧米ではもっぱらイースターから連想される動物だ。イースターの前の晩に、うさぎ（イースター・バニー）が卵（イースター・エッグ）をプレゼントに来ると信じている子どもも多い。その旺盛な繁殖力から、うさぎは復活や新しい命の象徴とされる。カラをきれいに彩色した卵もイースターにつきものだが、こちらも同じく生命再生のシンボルだ。ギリシャでは食紅で染めた卵を互いにぶつけ合い、どちらが割れるかで運を試す。ふつう、卵はその日に食べるが、ピサンキ（単数形はピサンカ）と呼ばれる細かい模様を描いたウクライナのイースター・エッグなど、食用ではなく装飾品としてつくられるものもある。

屋内や庭などに隠された卵を子どもたちが探すエッグ・ハンティングのゲームも行なわれる。アメリカのホワイトハウスでは、一八七八年以来、卵を転がすイースター・エッグ・ロールの行事があり、大勢の子どもたちがつどう。また、商店には卵やヒヨコ、うさぎの形のキャンディやチョコレートがあふれる。小さなおもちゃを内部に納めた卵形のチョコレートは元々イタリアでイースター向けに考案されたもので、友人や家族にプレゼントしたり、指輪などの宝飾品を内部に入れたチョコを菓子屋に特注して恋人に贈る人もいる。

この日は、羊料理を食卓にのせる家庭が多い。ギリシャではマギリッツァという羊の内臓とお米でつくったスープ、また、ロシアではクリーチというパンにパスハというチーズケーキがつきものだ。イタリアでは卵形のチョコと並んで、パネットーネの復活祭版ともいわれるパン菓子・コロンバ（鳩の意味）がお店に並ぶ。花でイメージされるのはイースターリリーと呼ばれる白ユリ（聖母の象徴）や、モクセイ科のレンギョウなど。イースターカクタスという、この時期に咲くブラジル原産の赤いサボテンもある。

一般に、新調した服をおろすのはイースターの時期とされ、イースター・パレード（Easter Parade）とは、真新しい服や帽子に身を包んで街を闊歩する人びとを指す。イタリアやスペインで「復活祭の顔をする」「復活祭のように満足した」といえば、笑みをたたえ、明るく満ち足りたさまをいう。

キリスト教圏では、復活祭翌日の月曜日を公休日としているところが多い。アジアでは香港、アフリカ大陸ではボツワナ、ナイジェリア、コートジボワール、ケニア、ルワンダ、タンザニア、ジンバブエなどでも月曜日は休日。エジプトではコプト教会の、エチオピアではエチオピア教会の暦に合わせて復活祭の日を法定休日としている。冬期に閉鎖される施設のオープン日がイースターと連動していたり、あるいは聖週間を通じて商店や観光施設もすべて休みになる地域があるので、旅行者はとくに確認が必要。英国では学校の学期にイースター学期（Easter term）があり、古くはイースターから**ペンテコステ**の間を指したが、現在では学校によって異なる。

正教会では、復活大祭につづく一週間（「フォマ（トマス）の主日」まで）を**光明週間**といい、イエスの死と復活の御業により天国への門が開かれたことを表すため、普段は閉じているイコノスタスの門が開けっぱなしになる。斎《ものいみ》もなく、この期間に永眠した人は天国直行、という言い伝えもある。また、**主の昇天祭**までの四十日間は、礼拝中に跪かず、イースターの冒頭で交わした挨拶「ハリストス復活！」「実に復活！」をずっとつづけるのが習慣となっている。

なお、イースター後の最初の日曜日を、ローマ・カトリック教会では「白衣《はくい》の主日」と呼んでいた。イースターに受洗し白衣を授かった人が、この日に白衣を脱いで一人前の信徒として歩んでいくことに由来する。とくにドイツではこの日に「初聖体」（幼児洗礼を受けた子どもが、はじめて聖体を拝領すること）を祝うしきたりがあったが、二〇〇〇年から「神のいつくしみの主日」の名称に代わった。また、英語でこの日を指すロー・サンデー（Low Sunday）という表現は、イースターの礼拝のお祝い気分からふつうの主日礼拝に戻る落差がよく表れている。

※イースターに関連する移動祭日のうち、主の昇天日、ペンテコステは五月の項目、三位一体主日、キリストの聖体日、イエスのみこころの日は六月の項目を参照。

◆聖ゲオルキスの日（4月23日）　Saint George

希正○　露正○　RC○　聖公○　ルタ×　プロ×　〈黄金〉

三世紀後半にカッパドキア（現トルコ国内）で生まれた騎士ゲオルキスを記念する日。その名はギリシャ語で「大地で働く」、すなわち農夫の意味。地域によってジョージ、ゲオルク、ジョルジュ、ジョルジオ、ホルヘ、ゲオルギイ、イェーオリ、喬治などの表記がある。女性形にジョージアナ、ジョージア、ジョージーなど。男性が女性にバラの花を、女性が男性に本を贈るとされる「サン・ジョルディの日」も、この聖人の名に由来したものだ。

ゲオルキスについて判明していることは少ないが、武勲に輝くローマ帝国の軍人にして、敬虔なクリスチャンだったとされる。皇帝ディオクレティアヌスあるいはコンスタンチヌス大帝の時代に迫害されて、殉教した。現イスラエルのロドに彼の聖遺物を祀った教会がある。まず中東、およびエジプト、エチオピアで彼の崇敬が始まったが、それをヨーロッパにもち帰ったのは、十字軍に参加した兵士たちである。一〇九八年にはアンティオキアにこの聖人が現れて、十字軍を勝利に導いたという。

ゲオルキス伝説の成立は六世紀とされるが、それを広く世に知らしめたのは十三世紀の『黄金伝説』だろう。同書によると、ゲオルキスは、リビアの国王がキリスト教に改宗することを条件に、当地を長く苦しめていた竜を退治し、人身御供《ひとみごくう》になりかけた王女の命を救った。ギリシャ神話の英雄ペルセウス譚（エチオピアの王女アンドロメダを海の怪物から救う）とよく似たこの伝説を基に、ゲオルキスを白馬にまたがり槍をもち、脚下に竜を踏みしく姿で描くのが絵画の定番だ。騎士道がもてはやされた時代にその人気は頂点に達し、イタリアのヴェネチアやフェラーラ、ジェノヴァのほか、カナダ、イングランド、グルジア、ドイツ、ギリシャ、イスタンブール、リトアニア、モスクワ、パレスチナ、ポルトガルといった地域の守護聖人となっている。

イングランドでは八世紀頃からその名が知られるようになり、王室の霊廟としても知られるウィンザー城の聖ジョージ礼拝堂は、彼に捧げられたチャペルだ。白地に赤の十字の聖ジョージ十字（St. George's cross）はイングランドの国章であり、十四世紀以降は兵士や水兵たちの印として用いられた。現ユニオンジャック（英国旗）にも、この聖ジョージ十字が組み入れられている。この聖人の日、愛国心の強いイングランド人は、聖ジョージ十字をあしらったバッジや旗、そしてイングランドの国花であるバラの小さな造花を身につける。また、聖ジョージは英国の代表的な勲章である「ガーター勲章」（一三四八年制定）の守護聖人でもあることから、勲章には聖ジョージ十字と馬上の騎士が竜を踏む図像が用いられており、新しい授与者の名前は聖ジョージの日に発表される。なお、ほかに聖ジョージ十字を旗や紋章に用いている国や都市に、グルジア、ジェノヴァ、ミラノ、バルセロナなどがある。

馬に乗った軍人や射手、武器や馬具の職人、ボーイスカウト、肉屋、農業に関わる者の守護聖人。疫病や皮膚病、梅毒などの患者の守護者でもある。

ブルガリアではこの日（ユリウス暦）は聖ゲオルギーおよび陸軍の日として公休日。村の人びとは子羊の角に花を飾り、お祈りを唱えたあとに、聖ゲオルキスに捧げる。門や家の扉にも花を飾り、人びとは川に行って水浴びをする。また、年に一度だけ体重を量る日とされているのが興味深い。スペインのアラゴン州でも法定休日。

ギリシャでは、この日が大斎《おおものいみ》期間にかかった場合、イースターの翌日を聖ゲオルキスの日として祝う。グルジアでは十一月二十三日が祝日。ロシアでは畑仕事を始め、家畜をはじめて戸外へ放つべき日とされている。

なお、「サン・ジョルディの日」が本と結びつけられたのは、この日がシェイクスピアおよびセルバンテス（『ドン・キホーテ』の作者）という、ふたりの文豪の命日であることによる。

◆福音記者・聖マルコの日（4月25日）Saint Mark, Evangelist

希正○　露正○　RC○　聖公○　ルタ○　プロ×　〈黄金〉

すべての人の救いを望まれる神よ、
あなたは福音宣教のために聖マルコを選び、
救いの訪れを書き記す恵みをお与えになりました。
（カトリック教会ミサ典礼書　集会祈願）

四福音書中、もっとも古い時代に書かれた『マルコによる福音書』の著者を記念する祝日。マルコはラテン語で「軍神マルス（Mars）の子」という意味のマルクス（Marcus）から派生した名前で、マコ、マーク、マルクス、マルク、マルコス、馬可、馬爾谷、瑪谷などの表記がある。

二世紀の小アジアの司教パピアスの伝えるところによれば、マルコは当初ペトロ（↓6月29日）の通訳を務め、ペトロから聞いた証言を福音書として書き残したという。『ペトロの手紙一』の第五章十三節にある「わたしの子マルコ」が、福音記者マルコを指すと考えられている。

伝統的には、『使徒言行録』で「マルコと呼ばれていたヨハネ」（十二・12）および『コロサイの信徒への手紙』にある「バルナバのいとこマルコ」（四・10）と同一人物とされており、バルナバ（↓6月11日）とともにパウロ（↓1月25日）の第一回伝道旅行に同行した。途中でひとりだけエルサレムに戻り、そのことがきっかけでパウロとバルナバは別行動をとるに至る。だが、既出のコロサイ、『フィレモンへの手紙』（一・24）、『テモテへの手紙二』（四・11）から見て、のちに再度パウロと合流し協力して宣教に当たったと推定されている。

伝承によれば、エジプトのアレキサンドリアで初代司教となり、西暦六八年のこの日に亡くなった。ただし、この祝日は、ローマ帝国でこの日に行なわれていたロービーグス（麦のサビ病の神）の祭りに代わって、教皇グレゴリオ一世（在位五九〇—六〇四）の時代に導入されたという。

八二八年、アレキサンドリアから聖マルコの遺骸を運び（記念日一月三十一日）、聖マルコの守護のもとに繁栄したのがイタリアの都市ヴェネチアである。ヴェネチアの守護聖人となった聖マルコを象徴する羽のはえた獅子像は、サン・マルコ広場の円柱をはじめ、街の随所で目にすることができる。ほかに、エジプト、弁護士、公証人、捕虜や囚人、ガラス工、ステンドグラス製造者、瘰癧《るいれき》患者の守護聖人。

メキシコのアグアスカリエンテスでは、四月の第三週から四週にかけてこの聖人にちなんだサンマルコス祭が開催され、百万人を超える観客が闘牛やロデオ、カジノなどを楽しむ。

ロシア正教会の暦では、四月二十五日のほか、一月四日にも福音記者マルコの名前が入っている。また、パウロとバルナバと一緒に宣教に出たヨハネ・マルコと、福音記者マルコとを別人と見なし、前者を九月二十七日に祝っている。

五月 May

The Ascension of Jesus

◆労働者ヨセフの日（5月1日） Saint Joseph the Worker

希正×　露正×　ＲＣ○　聖公×　ルタ×　プロ×

イエスの養父ヨセフ（↓3月19日）を、キリスト信者の勤労者の模範として記念する日。この日はメーデー（May Day; Labour Day）として、世界の多くの地域では公休日となっている。

労働者の祭典としてのメーデーは、一八八六年にアメリカの労組が八時間労働制を求めて示威行進を行なったのが始まりである。一八八九年には、第二インターナショナル創立大会でこの日を「労働者国際連帯の日」とすることが決議され、翌年から世界各地で挙行されるようになった。

一九五五年に教皇ピオ十二世が、この日を大工の仕事にいそしみながらマリアとイエスを扶養した労働者ヨセフを祝う日と定めた。

幸せな人、神をおそれ、主の道を歩む人、
その人は労働の実りを受け、恵みと平和に満たされる。
（カトリック教会ミサ典礼書　入祭唱）

ヨーロッパ諸国で祝われる古くからのメーデーは、春の訪れを謳歌する五月祭で、キリスト教以前の農耕儀礼に起源をもつと考えられている。地域によって祝い方はさまざまだが、緑の枝や花輪をもって行列したり、メイクイーン（五月の女王）を選んだり、生長と繁栄のシンボルであるメイポール（五月柱）を立てる慣習はよく知られている。イングランドでは、モリス・ダンスという伝統的な踊りがつきものだ。この日の朝露で顔を洗うと美しくなるという俗信もある。

ゲーテの戯詩『ファウスト』（一八三一年）で有名になった「ワルプルギスの夜」とはこの前夜である四月三十日を指し、八世紀にドイツで亡くなったイングランド生まれの修道女ヴァルプルガ（Walburga、祝日二月二十五日）に由来する。五月一日は彼女の遺体がアイヒシュテットの教会に移動した記念日で、バイキングが豊穣を祝う春祭と融合し、スウェーデンやフィンランドでは初夏の重要な祭りとなっている。人びとは大きなかがり火を囲み、歌をうたって春の訪れを祝う。ドイツでは、ブロッケン山で魔女たちが悪魔とともに饗宴を行なう日と伝えられ、やはりかがり火を焚いて夜を明かす。

◆使徒聖フィリポ・使徒聖ヤコブの日（5月3日） Saints Philip and James, Apostles 希正○ 露正○ RC○ 聖公○ ルタ○ プロ× 〈黄金〉

イエスに仕えた二名の使徒を記念する祝日。教派によって、異なる日付で祝われている。

フィリポは洗礼者ヨハネの弟子のひとりで、のちイエスにつき従い、小アジアを伝道してまわった。西暦八〇年頃にフリギアで殉教したとされる。その名はギリシャ語で「馬を愛する者」の意で、フィリップ、フィーリプ、フィリッポ、フェリペ、フィリープ、ピリポ、腓立比、腓力、菲利普、斐理伯なども表記する。使徒のなかでは、アンデレ（↓11月30日）とこのフィリポのみがギリシャ風の名前をもつ。フィリッパは女性形。

フィリポの日はもともと西方では五月一日に祝っていたが、ローマ・カトリック教会では一九五五年から五月十一日に、また一九六九年には現在の五月三日に移動した。東方教会では、十一月十四日を聖使徒フィリップの日としており、この日の翌日からクリスマスイヴの日までが「聖フィリップの斎《ものいみ》」の期間となる。ルクセンブルク、ウルグアイの守護聖人。

いっぽうの聖ヤコブは、ゼベダイの子ヤコブ（↓7月25日）と区別するため、小ヤコブ（マルコ十五・40）と呼ばれている。初代エルサレム司教とされ、西暦六二年頃に殉教したと伝えられる。ヤコブの名は旧約聖書にも出てくるが、ヘブライ語で「かかとをつかむ者」（創世記二十五・26）の意で、ジェイムズ、ジェームズ、ヤコブス、ジャック、ジャコモ、ディエゴ、ヤーコフ、イアコフ、雅各、雅各伯、雅格といった表記もある。ジャクリーンは女性形。

彼はアルファイの子でタダイの兄弟（マタイ十・3）と考えられているが、ほかに、二福音書（マタイ十三・55、マルコ六・3）においてイエスの兄弟のひとりとして名前を挙げられているヤコブと同一視する解釈もある。そのため、その出自には、イエスの従兄弟だとか、血の繋がらない兄（ヨセフの先妻の子）、あるいは実弟（マリアの生んだ子）など諸説がある。

東方教会では主の兄弟（ヨセフの子）で初代エルサレム司教のヤコブを十月二十三日に記念し、アルファイの子ヤコブ（十二使徒のひとり、タダイの兄弟）を別人と見なして十月九日に記念する。西方では、このふたりを同一人物と見なし、聖フィリポと同じ日に祝っている。ルター派教会およびイングランドや米国の聖公会では、五月一日を使徒聖フィリポ・使徒聖ヤコブの日としているが、米国聖公会ではほかに、東方にならって十月二十三日をエルサレム司教ヤコブの祝日としているのが興味深い。

小ヤコブは、フィリポと並んでウルグアイの守護聖人であり、薬剤師、臨終の床にある人、帽子職人の守護者ともなっている。

◆母の日（5月第二日曜日）Mother's Day

希正×　露正×　RC×　聖公×　ルタ×　プロ△

年に一度、母に感謝する日として、日本でも親しまれている記念日。とくにプロテスタントでは、この日に「母の日礼拝」を行なう教会がある。

母の日をさかのぼると、古代ギリシャの女神レアー（多くの神々の母）に捧げた春祭にいきつく。また、英国で母の日というと、十六世紀頃に始まった**マザリング・サンデー**（レント第四主日）を指す。

現在よく知られている母の日は、そもそもは、アメリカのメソジスト教会に属するある母親の提唱で始まり、その娘のねばり強い努力によって、国民の記念日となったものだ。

母の名は、アンナ・マリア・リーヴス・ジャーヴィスという。一八三二年に牧師の娘として生まれ、牧師の息子と結婚し、ウエストヴァージニア州に住んだ。一八五八年、母親の健康衛生向上のためのクラブを組織し、南北戦争の後の一八六五年には、「マザーズ・フレンドシップ・デー」のイベントを成功させた。これに力を得たジャーヴィス夫人は、すべての母親を讃える特別な日の制定を望んだが、果たせないまま、一九〇五年に亡くなった。

代わって立ち上がったのは同名の娘、アンナ（一八六四—一九四八）である。アンナは母を敬慕しており、母の日の制定は、両親への尊敬の念を高め家族の絆を強くするのに効果があると考えた。彼女の地道な運動が実り、「すべての母親に感謝する」礼拝が捧げられたのは、一九〇八年五月十日のことだ。その日は、夫人の命日に一番近い日曜日であり、会場となったグラフトン市のアンドルーズ・メソジスト監督教会は、ジャーヴィス夫妻の尽力で設立された教会だった。この教会で、夫人は日曜学校教師の奉仕を二十五年間つづけたのである。

アンナはこの最初の礼拝のために、夫人の好きだった白いカーネーションを五百本贈った。この花は母親の愛の美しさ、純粋さ、忍耐強さを象徴しているとされる。カーネーションは母の日のシンボルとなり、その後、存命中の母には赤い花、亡くなった母には白い花を贈るというしきたりができた。

一九一〇年、母の日は地元ウエストヴァージニア州の祝日となり、ウッドロー・ウィルスン大統領の時代である一九一四年に、ついに国民の記念日として認められた。アンナはその後、目の不自由な妹の世話をしながら母の日の定着のため運動をつづけ、独身のまま八十四歳で世を去った。

デンマーク、ベルギー、フィンランド、イタリア、オーストラリア、トルコといった国々でも、同じ日に母の日が祝われている。

◆聖イシドロの日（5月15日） Saint Isidro (Isidore) the Farmer

希正× 露正× RC○ 聖公× ルタ× プロ×

ローマ・カトリックの暦において、農業に関係深い聖イシドロを記念する日。その名はギリシャ語で「神の贈り物」の意をもち、イシドルス、伊西徳羅、伊西多とも表記する。

聖イシドロは一〇七〇年頃にスペイン、マドリードに生まれ、日雇い農夫の暮らしをしていた。貧しい少女マリア・デ・ラ・カベザ（のちに聖人）と結婚するが、生まれた息子を幼くして亡くした後、夫婦で神に仕える誓約を立てた。禁欲を守りながら、労働の合間に祈りを捧げ、貧しい者たちと日々の糧を分け合う生活を送る。毎朝ミサに与《あずか》るため仕事に遅刻することをとがめられたが、雇い主がイシドロの働きぶりを見に行くと、天使がイシドロの代わりに畑を耕していたという。また、冬のある日イシドロの妻が粉を挽きに行く途中、お腹を空かせた鳩に小麦を分け与えたところ、あとで挽いた粉が二倍になっていた、という伝説もある。一一三〇年のこの日に没。死後四十年してその遺骸は聖堂に移され、数々の奇跡が報告された。

一二一一年、カスティーリャのアルフォンソ国王は、イシドロの幻が指し示す道を使ってムーア人を急襲し、勝利を収めたという。イシドロは一六二二年に列聖されたが、これはイシドロのとりなしで病から回復したと信じるスペイン国王フェリペ三世（在位一五九八―一六二一）の嘆願によるものだ。画家のゴヤの作品に、イシドロゆかりの牧場を通って、聖イシドロ教会へと歩いていく人びとを描いた「サン・イシドロへの巡礼」がある。

絵画においては農夫の象徴である鋤をシンボルとし、畑で働く天使や、白い雄牛が一緒に描かれることがある。農業労働者、牧場労働者、家畜、農村共同体の守護聖人。子どもの死や雨乞いにもこの聖人に助けを求める。聖イシドロを守護聖人とするスペインのマドリード市ではこの日は公休日となっており、サン・イシドロ祭が賑やかに開催される。祭の一環として開かれる闘牛祭は、スペインの闘牛イベントで最大かつもっとも権威あるものとされている。また、フィリピンでも各地で様々な行事があり、ブラカン州の主な町ではカラバオ（水牛）の行進や駆け足競走などを行なうカラバオ祭が行なわれる。

◆聖キリルと聖メソディウスの日（5月24日） Saints Cyril and Methodius of Thessalonica

希正○　露正◎　RC○　聖公△　ルタ△　プロ×

「スラヴの使徒」と呼ばれる兄弟を記念する日。時代や地域により記念日が異なる。キリルという名の聖人は、四世紀のエルサレム主教、また五世紀前半のアレキサンドリア総主教など複数存在するが、ここでとりあげるキリルは、九世紀に兄メソディウスとともに活躍したテサロニケ生まれの伝道者である。兄弟ともに、卓越した哲学者、言語学者、神学者として知られる。その名はチリロとメトジオ、キリイル（キリール）とメフォディ、キュリロスとメトディオスとも表記される。中華圏で前者は濟利祿、施略、後者は默多狄とも書く。

キリルは元の名をコンスタンチンといい、ビザンチン帝国の首都コンスタンチノープルで哲学を教えていた。修道生活に入ったのを機にキリル（ギリシャ語で「威厳ある」の意）と名を変える。兄のメソディウスもまた、修道士で、哲学の徒だった。

八六一年、ふたりは黒海の北東に派遣され、ロシアの遊牧民ハザル族を改宗に導く。このとき示した言語の才能が、八六三年にモラヴィア王国（現在のチェコ）から伝道師派遣の要請が来たときに、ふたりが選ばれる大きな要因となる。モラヴィアに赴いた兄弟の最大の功績は、スラヴ語表記のためにスラヴアルファベット（グラゴル文字）を発明し、聖書や経典などをギリシャ語からスラヴ語に翻訳したことである。この祈禱文はブルガリアを経由してロシアにもたらされ、教会スラヴ語と呼ばれて、今でもロシアをはじめとする正教圏で祈りの共通語として用いられている。ロシア文字が別名キリル文字と呼ばれる所以だ。

ふたりは、教会の典礼にラテン語を使うかスラヴ語を使うかを巡ってドイツ出身の司教との論争に巻き込まれたが、ローマ教皇はスラヴ語典礼を許可した。八六九年のキリルの没後、モラヴィアに司教として派遣されたメソディウスは、ドイツ皇帝や司祭たちと対立して投獄などの試練に遭ったのち、八八五年に没した。その後、ローマ教皇はスラヴ語典礼を禁止し、ローマ・カトリック教会ではラテン語のみの典礼を認める時代が二十世紀までつづくことになる。いっぽうの東方教会では、その地域の言葉で典礼を行なうことが伝統となり、現在に至っている。

聖キリルは二月十四日、聖メソディウスは四月六日に永眠したとされる。ふたりは早くから東方の教会で聖人として崇敬されたが、ローマ・カトリック教会でこの両者が全国的な記念日となったのは、ようやく一八八〇年のことだ。当初の記念日は七月五日（チェコとスロヴァキアでは現在もこの日）、ついで七月七日に変更、現在はキリルの永眠日二月十四日に定めている（米国聖公会も同じ）。正教会では五月十一日もしくは二十四日をふたりの祭日とし、ロシアではとくに二十四日をスラヴ文学・文化を記念する日としている。現ロシア正教会のキリル総主教の聖名祝日は二十四日。

両者ともにボヘミアとモラヴィア（チェコ）、ブルガリア、ユーゴスラヴィア、そしてスラヴ民族とヨーロッパの守護聖人。東西教会の架け橋の役割も担っている。五月二十四日を法定休日としているのはブルガリア（啓蒙と文化の日）とマケドニア。チェコとスロヴァキアでは七月五日が法定休日。

ブルガリアでは、学術や芸術の分野での功労者にこの兄弟の名前を冠した「聖キリルと聖メトディ勲章」が贈られる。

◆聖母の訪問日（5月31日）The Visitation of Our Lady

希正×　露正×　RC○　聖公○　ルタ△　プロ×

聖母マリアが、親戚のエリサベトを訪ねた聖書の故事を記念する西方教会の祝日。キリスト教の世界で単に「訪問（the visitation）」とあればこの出来事を指す。『ルカによる福音書』第一章三十九節以下によると、長年子どもに恵まれなかったザカリアの妻エリサベトが懐妊したことを聞き、マリアはユダの町にふたりを訪ねていく。マリアが挨拶するとエリサベトの胎内の子はおどり、エリサベトは聖霊に満たされてマリアに祝福の言葉を述べた。マリアはこう応える。

わたしの魂は主をあがめ、
わたしの霊は救い主である神を喜びたたえます。
身分の低い、この主のはしためにも
　目を留めてくださったからです。
今から後、いつの世の人も
　わたしを幸いな者と言うでしょう、

（ルカ一・47―48）

これは「マニフィカト（Magnificat）」、別名マリアの賛歌と呼ばれ、西方教会の晩の祈りでうたわれてきた。バッハ、モンテヴェルディ、パレストリーナなどが曲をつけている。

当初は七月二日を記念日として、十三世紀にフランシスコ修道会で祝われるようになった。その後、十四世紀の西方教会大分裂の時代に全教会で祝うよう定められたが、当時はまだ地域的な祭日にとどまっていた。一四四一年のバーゼル公会議や、教皇ピオ五世（在位一五六六—七二）による再度の認定を経て、広く行き渡ったものである。

一九六九年には、現在の五月三十一日に移動した。福音書にある記述に照らして、受胎告知日（↓3月25日）と洗礼者聖ヨハネの誕生日（↓6月24日）の間に移され、五月の最終日に定められた。これにともない、従来五月三十一日に祝っていた「天地の元后なる聖母の祝日（天の元后聖マリア）」は八月二十二日に移動した。中華圏では聖母訪親日、聖馬利亞訪問日などという。なお、ローマ・カトリック教会では五月を聖母月と呼んでおり、マリアを讃える数多くの行事が行なわれる。

聖公会では、一六六二年版祈禱書以来、七月二日を**おとめ聖マリアの訪問**の日としてきたが、カトリックの改定に合わせて、この日を五月三十一日に移動した管区もある。一部のルター派教会もこの日を訪問の記念日としているが、東方教会では祝日としていない。

◆主の昇天日（イースターから四十日目の木曜日）　Ascension Day

希正◎　露正◎　RC◎　聖公◎　ルタ○　プロ△　〈黄金〉

キリストは復活の後　すべての弟子に現れ、
かれらの目の前で天に上げられて、
わたしたちを神の　いのちに　あずからせてくださいました。

（カトリック教会ミサ典礼書　叙唱）

復活したイエスが、弟子たちの目の前で天に昇ったことを記念する祭日。イエスは甦りののち、四十日間にわたって神の国について語ったあと、「まもなく聖霊が降る」と弟子たちに預言したのち、天に上げられていった。この『使徒言行録』第一章の記述を元に、四世紀後半に定められた祝日である。**イースター**に合わせて移動するため、四月三十日から六月三日の間にやってくる。

クリスチャンの理解では、昇天によって復活のわざが完成され、イエスはいま神の右に座し、全人類の救いの支配者となっている。

この日の直前の三日間（月・火・水曜日）を**祈願節**（Rogation Days）といい、聖歌をうたいながら農作物や家畜、人びとへの神の加護を願う日となっている。

日本を含む一部の地域のローマ・カトリック教会では、当日ではなく直後の日曜日を「主の昇天の主日」として祝う。中華園では耶穌升天節とか主昇天節、升天日と表現する。正教会では**主の昇天祭**といい、十二大祭のひとつとしている。

アイスランド、フィンランド、ノルウェー、デンマーク、オーストリア、ベルギー、ドイツ、スイス、フランス、ボツワナなどでは法定休日。コロンビアのように、直後の月曜日に振替とする国もある。

◆ペンテコステ（イースターから五十日目の日曜日）Pentecost; Whitsunday

希正◎　露正◎　RC◎　聖公◎　ルタ◎　プロ◎　〈黄金〉

全能の神よ、この日あなたは、約束された聖霊の降臨によって、すべての民族、国

民に永遠の命の道を開かれました。　（日本聖公会祈祷書）

イエスが約束した通り、弟子たちに聖霊（Holy Spirit; Holy Ghost）が注がれたことを記念する日。**イースター**につづくキリスト教の三大祝日のひとつで、洗礼式や堅信式が行なわれる。日本人がはじめてキリスト教の洗礼を受けたのも、このペンテコステの祝日だった（一五四八年五月二十日、インドのゴアにて）。**聖霊降臨日**ともいう。

ペンテコステとはギリシャ語で五十日目、つまり**五旬祭**《ごじゅんさい》を指す。ユダヤ教において、過越祭の安息日から数えて五十日目に、初穂を神に捧げる収穫祭である。また、モーセがシナイ山において神から律法を受けたのを記念する日でもあった。『使徒言行録』第二章によると、この五旬祭の日に、イエスの弟子たちに聖霊が降ったことになっている。イースターから五十日目、昇天日から十日後の日曜日に当たり、五月十日から六月十三日の間にやってくる。正教会では十二大祭のひとつ。Holy Spirit に対して「聖神《せいしん》」の語を用いる日本の正教会では**聖神降臨祭**（**聖五旬祭**）という。中華圏では五旬節とか聖靈降臨節、聖神降臨節と表現する（日本とは異なり、「聖神」の語を使う代表的教派はカトリックである)。

聖書は、聖霊降臨の瞬間をこう記している。

五旬祭の日が来て、一同が一つになって集まっていると、突然、激しい風が吹いて来るような音が天から聞こえ、彼らが座っていた家中に響いた。そして、炎のような舌が分かれ分かれに現れ、一人一人の上にとどまった。すると、一同は聖霊に満たされ、〝霊〟が語らせるままに、ほかの国々の言葉で話しだした。（使徒二・1―4）

天にいるイエス・キリストから聖霊を注がれた弟子たちは、以後、福音を宣べ伝える群れになっていった。いわば、この日はキリスト教の出発の日、「教会の誕生日」といえる。この、弟子たちに注がれた聖霊がいま現在自分たちにも注がれ、その結果、神との生きた交わりが保たれ、信仰の内に生かされている――これがキリスト者の理解だ。多くの教派では、イエスの昇天につづく聖霊降臨をもって、イースターのシーズンが完了すると考えている。

聖霊とは、三位一体の第三位格に当たり、絵画などでは鳩の絵柄で表されることが多い。西方では典礼色として聖霊の炎を示す赤が用いられるのに対して、東方では植物や新生・復活を表す緑を用いる。

英語の名称ホイットサンデー（Whitsunday）のホイットとはホワイト（white）のことで、ペンテコステの日に洗礼志願者たちが着た白い衣に由来すると考えられている。**白衣の主日**（イースター直後の日曜日／一五八頁参照）と同じ起源だ。今でも、この日は白い服で礼拝に参加するしきたりの教会がある。教会によっては、聖霊の色である赤にあやかって、なるべく赤いものを身につけて集まったり、教会堂に赤い垂れ幕を飾るところもある。ローマのパンテオンの聖堂では、聖霊降臨のミサのあと、ドームの天井から赤いバラの花びらを撒く。聖霊が地上に降り立ったこと、そしてイエスが人類のために赤い血を流したことを象徴するイベントとなっている。

南ドイツやオーストリア、スイスでは花や若枝などで飾りたてた「ペンテコステの牡牛」を引き回す。春の収穫に感謝する農業祭と結びつき、白樺の枝や木で特別な飾りをつくったり、広場で大きな焚火を焚いたりする地域もある。

この日、もしくは七月にかけて、ポルトガルやブラジルほかポルトガル系住民の多い地域では聖霊祭の華やかなパレードが行なわれる。飢饉に苦しむアゾレス諸島の人びとが聖霊に助けを祈ったところ、食料を積んだ船がペンテコステの祭日に港に入ったという故事と、聖霊信仰の篤かった慈悲深いポルトガル王妃イザベル（聖エリザベト、一三三六年没）とを記念したものだ。

スコットランドではホイットサンデーは四季支払日のひとつで、教会暦のペンテコステとは関係なく五月十五日と定められていたが、一九九〇年の法律改定で五月二十八日となった。ポーランドではこの日は「緑の祭日」と呼ばれている。また、スウェーデンはこの日を選んで挙式するカップルが多いという。教会のペンテコステの翌月曜日（Whitmonday）は、法定休日となっている国が多いので注意したい。

なお、キリスト教のなかには「ペンテコステ派」と呼ばれる流れがあり、名前の通り、聖霊の働きを非常に重視する。その礼拝には異言《いげん》・預言・神癒《しんゆ》などの現象が見られるのが特徴だ。

六月　June

St. John the Baptist

◆三位一体主日《さんみいったいしゅじつ》（ペンテコステの翌日曜日）Trinity Sunday

希正×　露正×　RC◎　聖公◎　ルタ◎　プロ△

伝統的なキリスト教会が大切にしている、「三位一体《トリニティ》」の教えを記念する祭日。四世紀から今に至るまで、キリスト教信仰において三位一体の教義を受け入れるかどうかは、その信仰が正統であるかないかを判断するための重要な要素とされている。三位一体という言葉そのものは聖書には出てこないが、聖書に示された教え、すなわち、神は唯一の神（一体）でありながら、同時に三つの位格（父と子と聖霊）として現れていることを指す。英語のトリニティ（Trinity）はラテン語のtrinitasを語源とし、三つのものから構成されるものを意味する。

初代教会時代、一度正統な信仰を離れた者が教会に復帰する日は、ペンテコステ直後の主日と定められていた。そのため、この日に正統信仰を強調したことが、三位一体主日につながったと見られている。五月十七日から六月二十日の間にやってくる。中華圏では聖三主日、天主聖三節、三一主日などと表記する。

十世紀に北ヨーロッパで広まり、一三三四年に教皇ヨハネ二十二世が正式に典礼暦に組み入れた。西方教会だけの祝日であり、東方にはない。この祝日にカンタベリー大司教として按手されたイングランドのトマス・ア・ベケット（一一七〇年没）は、三位一体主日定着の推進者で、彼が葬られたカンタベリー大聖堂のトリニティ・チャペルは、中世に巡礼者が列をなした。

この日から**アドベント**直前までのシーズンを、教会によっては**三位一体節**（Trinitide）ということがある。英国の大学でもトリニティ学期（Trinity term）という表現を使うことがあるが、これはイースターの春学期につづく夏学期を指す。英国のケンブリッジ、オクスフォード、およびダブリンにはトリニティの名を冠したコレッジがいずれも十六世紀、イングランドの宗教改革の後に設立されている。

スペイン語では三位一体をトリニダード（Trinidad）といい、カリブ海に浮かぶトリニダード島（トリニダード・トバゴ共和国）は、同島にある三つの山にちなんで名づけられた。

◆キリストの聖体日（三位一体主日直後の木曜日、または日曜日）　Corpus Christi; Feast of the Body of Christ

希正×　露正×　RC◎　聖公○　ルタ×　プロ×

この日はコーパス・クリスティ（Corpus Christi）と呼ばれている。この名称は大学や都市、教会の名前として知っている人が多いかもしれないが、ラテン語でずばり「キリストのからだ」を意味する。すなわち、ローマ・カトリック教会でいう「ご聖体」を記念する日だ。旧くは吾主聖體の大祝日、中華圏では基督聖體聖血節（The Most Holy Body and Blood of Christ）といって、「血」も含めた表現をする。**三位一体主日**直後の木曜日と定められているため、**ペンテコステ**の日の十一日後、五月二十一日から六月二十四日の間にやってくる。日本のように、木曜日当日ではなく、直後の日曜日に祝う地域もある。

新約聖書のなかでもっとも古い聖体制定の記録は、使徒パウロによる『コリントの信徒への手紙一』にある。イエス・キリストの体は、パンとぶどう酒の形で永遠に教会のなかに生きている――そのことを**聖木曜日**のあとにもう一度確認するのがこの祝日だ。もともとは、一二四六年にリエージュ（ベルギー）の司教がローカルな祝日としてもうけたものを、リエージュ出身の教皇ウルバノ四世が一二六四年に公認したもの。十四世紀半ばには西方教会に普及し、十五世紀には盛大に祝われるようになった。

十六世紀の宗教改革後、プロテスタント教会は聖体が「実体変化」するという教義（聖体拝領のパンとぶどう酒は、実際にキリストの御体《おんからだ》と御血《おんち》に変化すると解釈すること）を退けたため、この祝日も同時に退けた。ただ、ローマ・カトリックの伝統を受け継ぐ一部の聖公会だけが、この日を聖餐感謝日として記念している。また、ドミニコ会の神学者トマス・アクイナス（一二七四年没）が、ウルバノ四世の委嘱を受けてこの祝日のためにつくった聖歌「いざわがくちびる　語り伝えよ（Pange lingua）」は、プロテスタントを含む多くの教会でいまなお歌い継がれている。

いっぽうのローマ・カトリック教会では、「聖体行列」は宗教改革後、プロテスタントとの違いを鮮やかに強調する行事となった。司祭は美しい祭服をまとい、移動天蓋の下で特別な容器に入った聖体を高く掲げながら、大勢の侍者や信者をしたがえて街を練り歩く。ドイツではとくに華やかな行列が見られ、オーストリアでは聖体を乗せた船が湖上を走るハルシュタット湖の聖体祭が有名だ。文学の世界では、フランスの小村での聖体行列の描写があるフローベールの短篇『純な心』が味わい深い。信者たちが色鮮やかな民族衣装を着てこの日に臨む地方もある。

英国のヨークとウェイクフィールドでは、十四世紀から十六世紀にかけて、この聖体日の祭りに合わせて大がかりな聖史劇（Corpus Christi play）が野外で上演された。また、この日に「初聖体」を行なうしきたりの教会もある。

この日を法定休日にしている地域には、ドイツとスイスおよびスペインの一部、オーストリア、リヒテンシュタイン、ポーランド、クロアチア、ブラジル、ボリビア、コロンビア（直後の月曜に振替）、ハイチなどがある。

◆イエスのみこころの日（キリストの聖体日の翌金曜日） The Most Sacred Heart of Jesus　希正×　露正×　RC○　聖公×　ルタ×　プロ×

キリストは限りない愛をもって　わたしたちのために　みずからを渡し、十字架に上げられ、その貫かれた胸から血と水が流れて、教会の秘跡の源となりました。　（カトリック教会ミサ典礼書　叙唱）

愛の象徴としてイエスの心臓を崇敬するローマ・カトリック教会の祭日。旧くは吾主の至て聖き御心の大祝日、中華圏では耶穌聖心節という。日本でも「聖心」と書いて、「みこころ」または「せいしん」とも読む。

キリストの聖体日直後の金曜日なので、五月二十九日から七月二日の間にやってくる。六月にかかる場合が多いため、カトリック教会では六月を聖心《みこころ》の月（中華圏では耶穌聖心月）と呼んでいる。

カトリックの彫像や御絵《ごえ》に、イエスが自分の胸を指さしているものがある。別の像では、イエスは両手を広げている。その胸にはむき出しの心臓があり、茨に囲まれて血を流していたり、あるいは炎に包まれている。これは、十字架にかけられたイエスがわき腹を槍で突かれたときに貫かれたであろう心臓を、人びとに与えた大いなる愛のしるしとして、イエスの聖心《みこころ》に結びつけたものだ。イエスがどれほどの犠牲を払ったのかを、この心臓の絵は想起させてくれる。パリ・モンマルトルの丘に建つ、サクレ・クール聖堂はこの「イエスの至聖なるみこころ」に捧げられた教会だ。

みこころへの信心は中世に始まったが、一六七三年にはフランスの修道女マルガリタ・マリア・アラコック（のちに聖人）の前に傷だらけのイエスが出現したのをきっかけに広く普及した。九ヵ月間つづけて月の第一金曜日に聖体拝領する者には、特別の恵みがあるとする「初金《はつきん》の信心」も、イエスが彼女に約束したものとされている。一七六五年にフランスで正式な祭日となり、一八五六年には教皇ピオ九世がすべての教会で祝うべき祭日と定めた。ただし、一九七〇年代以降は典礼改革の影響で、かつてほどの信心は見られない。コロンビアでは、直後の月曜日に振り替えてこの日を法定休日としている。

ペンテコステのすぐあとに祝う三位一体主日、キリストの聖体日、イエスのみこころの日は、聖書に登場する人や出来事、聖人などを記念するほかの祝祭日とは性格を異にしている。キリスト教の教義や信心と関連しているため、「理念の祝日」「教理の祝日」と呼ばれることがある。

◆子どもの日・花の日（6月第二日曜日）Children's Day; Children's Sunday; Flower Day

希正×　露正×　RC×　聖公△　ルタ△　プロ△

日曜学校の子どもを主役にした礼拝を捧げる日。アメリカを中心に、カナダやオーストラリア、およびそこから伝道された地域において、一部のプロテスタント教会が守っている。花の日・児童の日などともいう。

一八五六年に米国マサチューセッツのユニヴァーサリスト教会が始めた礼拝が起源とされ、教派を超えて広がっていった。なかでもメソジスト教会が一八六八年に六月第二日曜日の行事として推奨したことで盛んになり、一八八〇年代から一九五〇年代頃の一部の教会ではイースター、クリスマスに並ぶ一大イベントとなっていた。南半球では十月から十二月に行なわれる。

子どもにとっての教育の大切さを強調する日であり、日曜学校の終業式と学びの成果発表会という側面が強いが、この日を特色づけるのは、なんといっても教会堂に飾られる初夏の美しい花である。このため「バラの主日（Rose Sunday）」「花の主日（Flower Sunday）」「花の祭日（Feast of Flowers）」とも呼ばれた。白い服を着た子どもたちによる聖句暗誦や賛美歌斉唱、劇、表彰状や聖書の贈呈、さらには幼児洗礼式など、通常の礼拝とは異なるプログラムが組まれ、礼拝後には子どもたちが花を持って病者を慰問する奉仕活動も行なわれた。

米国メソジスト監督教会でとくにこの日が重視されていた理由として、当日集まった献金を教会員子弟向け教育ローンの基金としていたことが挙げられる。この基金により、五十年間に二万四千名を超える子どもたちが高等教育を受ける機会を得たという（『一九一九年版メソジスト・イヤーブック』）。

日本でも宣教師を通じて一部のプロテスタント教会にこの行事が持ち込まれたが、アメリカと違って六月は学期の終わりではないため、花を通じて自然のめぐみに感謝し、愛の実践を行なう日という意味づけがされている。子ども祝福式を行なったり、礼拝後に教会学校の生徒たちが花を持って施設（派出所や消防署、高齢者施設など）を訪問する教会もある。

アメリカの日曜学校に関連した行事としては、ほかに**ラリー・デー**（Rally Day）

がある。この用語は大学などでも使うが、教会で用いる場合は、日曜学校の子どもたちが長い夏休みを終えて新学期のために再集合《ラリー》する日を指す。当地の学校は八月末か九月に新入生を迎えるという事情から、とくに大都市の教会では九月の初め（多くは第一日曜日）をこの日に定め、特別なプログラムを準備して「夏休みは終わった。教会に戻ろう」と呼びかけた。新しい生徒を迎えたり、教会から遠ざかっていた子どもに再び参加を呼びかける機会ともなっている。夏のあいだに礼拝を休む教会では、大人の教会員のためにやはりラリー・デーと称して礼拝再開告知をするところもある。

子どもの日・花の日のように、日本でも一部のプロテスタントに導入され、「振起《しんき》日《び》」と称して九月の第一日曜日に特別な礼拝をもつ教会がある。北米におけるラリー・デーが実際的な日だったのに対し、現在の日本では「伝道の秋にそなえ信仰を新たに振り起こす」という意義が付加されている。

◆使徒聖バルナバの日（6月11日）Saint Barnabas, Apostle

希正○　露正○　RC○　聖公○　ルタ△　プロ×　〈黄金〉

パウロの伝道を助けたレビ人、バルナバを記念する日。その名はヘブライ語で「慰めの子」の意味で、表記にはバーナバス、ワルナワ、巴拿巴、巴爾納伯、柏立などがある。

バルナバはキプロス島に生まれ、元の名をヨセフといった。入信したのはイエスの死後で、『使徒言行録』（四・36）に、彼に関する最初の記述がある。初代教会において一定の役割をもち、回心したパウロ（当時はサウロと呼ばれていた）を仲間に紹介したり、パウロをタルソスに訪ねて伝道の同労者としたりした。かつてはキリスト教を迫害していたパウロが教会の伝道者として活躍できたのも、バルナバという後ろ盾あってこそといえる。

パウロの第二回伝道旅行にも一緒に出発したが、前の旅行のときに脱落したいとこマルコ（↓4月25日）も同行させたいと言ったことから、ふたりの仲には亀裂が入り、バルナバはマルコと故郷のキプロスへ、そしてパウロは別のお供を連れてシリア州やキリキア州をまわることになる（使徒十五）。その最期について聖書に記録はないが、伝承によれば、西暦六一年頃にギリシャのサラミスで殉教した。アンティオキア、キプロスの守護聖人。

東方教会では、この日バルナバのほかに、使徒バルトロマイ（↓8月24日）も記念している。

◆洗礼者聖ヨハネの誕生日（6月24日）

The Nativity of Saint John the Baptist; Midsummer Day

希正○　露正○　RC◎　聖公○　ルタ○　プロ×

全能の神よ、あなたは深いみ摂理によって洗礼者聖ヨハネをこの世に生まれさせ、悔い改めのしるしとして洗礼を施し、キリストの道を備えさせられました。

（日本聖公会祈祷書）

通常、聖人はこの世を去った日を記念するが、誕生した日が祭日となっている人物は、イエスとマリアのほかに、このヨハネしかいない。この三人が特別な存在であることは、英語の Nativity（降誕）という語が、もともとイエス、マリア、洗礼者ヨハネの誕生のみを指していたことでもわかる。神であり人でもあるイエスは別格として、マリアとヨハネの誕生が祝われるのは、ふたりを無原罪――マリアはそもそも無原罪で宿り（↓12月8日）、ヨハネは母親の胎内で「おどった」（ルカ一・41）ときに原罪がゆるされた――とするローマ・カトリック教会の理解が背景にある。

洗礼者ヨハネ（バプテスマのヨハネ）誕生の経緯は、『ルカによる福音書』に記されている。老いた祭司ザカリアとその妻エリサベトとの間には長い間子どもができなかったが、ある日天使がザカリアに告げた。

あなたの妻エリサベトは男の子を産む。その子をヨハネと名付けなさい。その子はあなたにとって喜びとなり、楽しみとなる。多くの人もその誕生を喜ぶ。彼は主の御前《みまえ》に偉大な人になり、ぶどう酒や強い酒を飲まず、既に母の胎にいるときから聖霊に満たされていて、イスラエルの多くの子らをその神である主のもとに立ち帰らせる。彼はエリヤの霊と力で主に先立って行き、父の心を子に向けさせ、逆らう者に正しい人の分別を持たせて、準備のできた民を主のために用意する

（ルカ一・13—17）

そして、マリアが天使ガブリエルによって受胎告知されたのが、エリサベトが妊娠六ヵ月に入ったときだった。従って、ヨハネはイエスより六ヵ月早く生まれたことになる。長じてヨハネは神の言葉を語る預言者となり、神の国の接近と悔い改めを説いて、ヨルダン川で人びとに洗礼《バプテスマ》を施した。これが「洗礼者」ヨハネの名の由来であり、イエスも彼から洗礼を受けている。

ヨハネは古代ユダヤ教の一派である禁欲的なエッセネ派に属していたともいわれ、彼を指導者と仰ぐ弟子たちの集団が形成されていた。青年時代のイエスもヨハネから多大な影響を受け、「およそ女から生まれた者のうち、洗礼者ヨハネより偉大な者は現れなかった」（マタイ十一・11）と語っている。また、のちにイエスの弟子となる者たちも、当初はこの集団に関わっていた者が多い。その死の経緯は洗礼者聖ヨハネの殉教日（↓8月29日）の項目を見ていただくことにして、誕生においても宣教においても、死においてもイエスの先駆者（forerunner）となった彼を、正教会では「前駆授洗者」という名称で呼んでいる。ほかに（施《し》）洗者《せんしゃ》聖ヨハネ、中華圏では聖若翰洗者とか施浸（者）約翰、先驅者施洗約翰などという。カタカナではジョアン・バプチスタ、ヨハネ・バプティスタなどとも表記される。

英語圏では「浸す人」＝バプテスト（Baptist）というとキリスト教会の教派（洗礼に必ず全身を浸す「浸礼」の形式をとる）がまず連想されるが、スペイン語形の Bautista、ポルトガル語形の Batista は人の姓としても使われている。また、フランス語形の Jean-Baptiste、イタリア語の Giovanni Battista などは男性名として人気が高い。

洗礼者ヨハネの日は別名Midsummer Day（真夏または夏至の日）という。天文学的な夏至は六月二十一日か二十二日頃に訪れるが、「あの方は栄え、わたしは衰えねばならない」（ヨハネ三・30）という聖句を引いて、夏至直後のヨハネの誕生日を境に日は短くなり、冬至直後のキリストの誕生日を境に日が長くなる、という説明をする人もいる。もともと、キリスト教以前の時代から、夏至の祭りとしてこの日当日か前夜（イヴ）には丘の上でかがり火を焚く慣習があった。この慣習は多くの地域で今でも受け継がれている。

また、この祝日の前夜に採取した薬草には、特別な効験があると信じられてきた。洗礼者ヨハネの名にちなんだ俗名をもつ近年話題のハーブ、セント・ジョーンズ・ワート（セイヨウオトギリソウ、St. John's Wort）は六月下旬に開花時期を迎えるが、とくに二十三日夜に摘んだものが薬草としてもっとも効力があるとされる。黄色い花びらを指でこすると、赤い液体が出てくる。このことから、洗礼者ヨハネが首を切られたときにその血液からはえてきたという伝説が生まれた。また、葉に見られる小さな黒い斑点は、彼のために流された涙を表すともいわれる。

イヴにこの草を枕の下に置いて寝ると、この聖人が夢に現れて祝福を与えてくれ、その年は死から守られるという言い伝えもある。また、未婚の女性の場合は、夢に未来の夫が現れるとの俗信もある。セント・ジョーンズ・ワートのほかにも、この時期に摘むと素晴らしい薬効を発揮する植物については、フレイザーの『金枝篇』に多くの言及がある。

この季節には白夜がつづく北欧では、広場に花や葉で飾った夏至柱（マイストング／メイポール）を立てて、その周りを輪になって踊りあかす。洗礼者ヨハネを守護聖人とするイングランドのコーンウォール州ペンザンスでは、この日に一番近い金曜日から十日間、祭が行なわれる。かがり火が焚かれ、ダンスや花火で人びとは楽しむ。フィレンツェではこの日に中世のサッカー試合が行なわれ、フィリピンのバタンガス州バラヤンでは子豚の丸焼き（レチョン）を飾り立ててパレードをする。また、洗礼者ヨハネにちなんで、水を掛け合って祝福する地域があるが、この慣習も、キリスト教以前の夏至祭にあった、海や川で水浴びをする慣習を引き継いだものだろう。

南半球に位置するブラジルではこの時期は冬至に当たり、秋の実りの収穫祭としてフェスタ・ジュニーナ（六月の祭りの意）が全土で賑やかに祝われる。日取りは地域によって異なるが、元来はパドヴァの聖アントニオ（祝日六月十三日）、洗礼者ヨハネ、聖ペトロ（→6月29日）の三聖人を記念するもの。

ヨルダン、プエルトリコ、イタリアのフィレンツェやジェノヴァ、マカオなどの守護聖人。改宗者、フランス系カナダ人、子羊、修道生活、宿屋の経営や印刷に関わる人、蹄鉄工、仕立屋などを庇護する。雹《ひょう》、痙攣やてんかんからの保護を願ってこの聖人に祈る（てんかんは別名「聖ヨハネ病」という）。この洗礼者聖ヨハネと福音記者・使徒聖ヨハネ（↓12月27日）の両ヨハネは友愛結社フリーメイスンの守護聖人とされており、一七一七年の洗礼者ヨハネの祝日にイングランドのグランドロッジが創設された。

フィレンツェ、ジェノヴァ、トリノなどイタリアの都市、スペインのカタルーニャ州とガリシア州、エストニア（聖ヨハネの日／夏至祭）、カナダのケベック州、ベネズエラではこの日を法定休日としている。ラトヴィアでは前日二十三日も併せて公休日。また、スウェーデンやフィンランドでは夏至の日は現在移動祝日となっており、六月十九日から（フィンランドでは二十日から）二十六日のあいだの土曜日とその前日の金曜日が法定休日となる。イングランド、ウェールズ、北アイルランドでは四季支払日。

◆使徒聖ペトロ・使徒聖パウロの日（6月29日）Saints Peter and Paul, Apostles

希正○　露正○　RC◎　聖公○　ルタ○　プロ×〈黄金〉

全能の神よ、あなたは、み子イエス・キリストによって使徒聖ペテロを召し、主の群れを養うことを命じられました。……あなたは使徒聖パウロの伝道によって、多くの異邦人を公会に連ねてくださいました。

（日本聖公会祈祷書）

福音のために生涯を捧げた、使徒の代表者ペトロとパウロを記念する祭日。もっとも古い聖人の祝日のひとつで、伝道に備えて節制をした（使徒十三・3）使徒たちにならうため、東方教会ではペンテコステの翌日曜日（衆聖人の主日）の翌日から、この日の前日までを斎《ものいみ》の期間（聖使徒の斎）としている。

パウロについては**聖パウロの回心日**（↓1月25日）の項目で触れたので、ここではペトロを中心に述べる。

ペトロはガリラヤ湖できょうだいのアンデレ（↓11月30日）とともに漁をしているところを、「わたしについて来なさい。人間をとる漁師にしよう」（マタイ四・19）というイエスの声に従って、弟子となった。元の名をシモンといい、のちにヘブライ語で「岩」という意味の名ケファを与えられた。そのギリシャ形がペトロである。ペテロ、ペーテロ、ピーター、ペーター、ピエール、ピエトロ、ペドロ、ピョートル、ペトル、彼得、伯多祿、伯鐸といった表記もある。ペトラは女性形。十二使徒の筆頭となったペトロに、イエスはこう言った。

あなたはペトロ。わたしはこの岩の上にわたしの教会を建てる。陰府《よみ》の力もこれに対抗できない。わたしはあなたに天の国の鍵を授ける。あなたが地上でつなぐことは、天上でもつながれる。あなたが地上で解くことは、天上でも解かれる。

（マタイ十六・18―19）

さらに復活したイエスから、「わたしの羊を飼いなさい」（ヨハネ二十一・17）と命じられた。このためペトロは教会の頭、すなわちローマ・カトリック教会の初代教皇とみなされている。外典の『ペトロ行伝』によると、ペトロは皇帝ネロの迫害を避けて、ローマを離れようとした。だがその中途でイエスに出会い、「クオ・ヴァディス、ドミネ？（主よ、どこに行かれるのですか）」と尋ねたところ、イエスは「もう一度十字架にかかるためローマへ行く」と答えた。その言葉に自分の行くべき道を悟ったペトロは、ローマへ引き返し、十字架に逆さまにつけられて殉教したという。西暦六四年から六八年の間の出来事と推定される。バチカンのサン・ピエトロ大聖堂は、四世紀にコンスタンチヌス大帝がペトロの墓の上に建てたものだ（現在の建物はルネサンス時代の築）。

彫像や絵画などでは、「天国の鍵」をもって描かれることが多い。新約聖書には『ペトロの手紙』と称される二つの書が収録されているが、この著者は使徒ペトロではないという説が現代では有力だ。前述の「クオ・ヴァディス」というペトロの台詞は、ポーランドの作家シェンキェーヴィチによる歴史小説のタイトルにもなっている。

ローマ、ドイツのケルンやヴォルムス、漁師、錠前師、橋の建設人、肉屋、船大工、時計や網の職人、靴職人、石工、ローマ教皇の守護聖人。足の病気、逆上したとき、熱が出たときには聖ペトロに祈る。“Petri Heil!”（聖ペテロ万歳）とは、ドイツ語圏で釣りの幸運を祈るときの挨拶。

この日は、以下の地域のローマ・カトリック教会では守るべき祝日である。クロアチア、イングランドとウェールズ、スコットランド、インドネシア、レバノン、マルタ、ペルー、スロヴァキア、スイスのルガーノ教区、ウクライナ。

法定休日としているのは、イタリアのローマ市、スイスの一部、マルタ、ペルー、コロンビア（直後の月曜に振替）、チリ、ベネズエラなど。マルタ島ではこの日の前夜からリムナリヤと呼ばれる民族祭が盛大に祝われ、音楽のショーや競馬、作物の品評会などが行なわれる。イングランドではイグサでつくった十字架をもって行進したり、教会の床に干し草を敷き詰めたりする慣習の地域もある。キプロスや、アメリカ・マサチューセッツ州グロスターでも、聖ペトロにちなんだ祝典が行なわれる。

六月二十九日は、ふたりの聖遺物が移動した記念日と考えられており、この二聖人が同日に殉教したことを示すわけではない。一部のルター派教会では、使徒ペトロ単独の祝日となっている。カトリック教会ではこのほかに、使徒聖ペトロがアンティオキアに使徒座（司教座）を定めたことを記念して、二月二十二日を**聖ペトロ使徒座の祝日**（Feast of the Chair of Saint Peter）としている。

コラム〈祝祭日にちなんだ言いまわし〉

○クリスマスから聖ステファノの日までつづく（伊）——あっという間に終わる
○暖かいクリスマスに寒い復活祭（伊）——世の中はままならない
○レントのように長い（伊）——うんざりするほど長い
○三月にレントが来るように（仏）——必ず起こる、絶対にやって来る
○ご復活の主日か、それとも三位一体の祝日かに（仏）——いつだったかわからないが、そのうちいつか、多分だめ、決して……ない
○復活祭と聖霊降臨祭が同じ日に重なるようなことが起こったら……をする（独）——決してしない
○枝の主日の前に復活祭を祝う（仏）——婚前交渉をする、婚前交渉で妊娠する
○聖ヨハネから聖ヨハネまで（仏）——夏から冬まで（夏至に近い洗礼者聖ヨハネの日から、冬至に近い使徒聖ヨハネの日まで）

七月 July

St. Mary Magdalene

◆聖キリアンの日（7月8日）Saint Kilian（Cilian）

希正×　露正×　RC○　聖公×　ルタ×　プロ×

「フランケン地方の使徒」と呼ばれる司教を記念する日。ドイツワインの愛好者ならば、おなじみの聖人だろう。名前の意味には諸説あり、アイルランド語のCillín の派生と考えると「小さな教会」、Ceallach が語源とすると「戦い」の意味。中華圏では基利安と書く。

キリアンはアイルランド出身で、フランク族に伝道するため現ドイツ・バイエルン州のヴュルツブルクで活動を始めた。司祭のコールマン、助祭のトトナン（両者とものちに聖人）とともに東部フランケン地方とチューリンゲン地方で多くの人びとに福音を伝え、ゴッベルト公爵を改宗に導く。だが、兄の未亡人を妻にしていた公爵に対して、その婚姻は不法だと注進したことから、妻に恨まれて、六八九年頃に同労者らと一緒に暗殺された。

七月八日は、聖キリアンが殉教した日であるとともに、七五二年にその遺体がヴュルツブルクの大聖堂に移された記念日とされている。この大聖堂には彼の所持していた新約聖書が一八〇三年まで保管されていたが、のち大学図書館に移管された。彫像などでは司教の衣装に剣を持った姿で描かれる。

バイエルン地方、ワイン製造業者、通風やリウマチ患者の守護聖人。彼を守護者とするヴュルツブルク市は、いわゆるロマンティック街道の起点として知られているが、ここでは毎年七月第一土曜日より十七日間、フランケン・ワインの祭典である聖キリアン祭が行なわれ、マイン河畔に大テントが並ぶ。これは彼が宣教のかたわら、当地でぶどう栽培を奨励したことに由来する。

◆マグダラの聖マリアの日（7月22日）　Saint Mary Magdalene

希正○　露正○　RC○　聖公○　ルタ△　プロ×　〈黄金〉

全能の神よ、み子はマグダラの聖マリヤの心と体の健康を回復され、さらに復活の証言者として召されました。（日本聖公会祈祷書）

イエスが十字架にかけられたときそば近くに立ち、復活したイエスを最初に目撃した女性を記念する日。マグダラとはガリラヤ湖の西の湖畔にある村の地名で、マグダレーナ、マグダレナ、マグダリナ、マダレナ、マドレーヌなどのほか、大学の学寮《コレッジ》名としてはモードリンとも表記する。いまは女性のファーストネームとしても使われる。

新約聖書には少なくとも三名、実際には九名の「マリア」が登場するが、そのなかでマグダラのマリアの名は、四福音書ともに、イエスの処刑と復活の場面に見いだせる。墓から甦ったイエスがはじめてその姿を現したのは、男性の弟子たちではなく、このマグダラのマリアの前だったことは、キリスト教会における女性の役割を考えるとき、必ず言及される部分だ。弟子（使徒）たちにイエスの復活を伝えたため、「使徒たちへの使徒（the Apostle to the Apostles）」とも呼ばれる。また、イエスに七つの悪霊を追い出してもらい（マルコ十六・9、ルカ八・2）、その後ガリラヤからイエス一行につき従ったのも同じ女性とされている。

ほかに、イエスの足に香油を塗り、自分の髪の毛でその足をぬぐった「ベタニアのマリア」（ヨハネ十二・3）や、同じ行為をした「罪深い女」（ルカ七・36—38）がいるが、東方教会では彼女らを別個の存在と捉えるのに対し、ローマ・カトリック教会では一九六九年まで、上記のふたりをマグダラのマリアと同一視してきた。そのため、西方の絵画では、香料を入れた雪花石膏製の壺をもち、美しい髪をたらした姿で描かれることが多い。また、「悪霊」や「罪」が性的放埒に結びつけられた結果、マグダラのマリアは元娼婦と考えられており、普通名詞のmagdaleneには「更生した売春婦」「売春婦更生施設」の意味がある。このように彼女を解釈する文化圏では、たいそう献身的に奉仕したり、さめざめと泣いたり、ことさらに悔悟を強調する態度を指して「まるでマグダラのマリアのよう（マグダレナのよう）」と表現することがある。旧くは「痛悔女」と形容された。

いっぽう正教会では彼女を「携香女《けいこうじょ》」、すなわちお香を携えた女性（Holy Myrrhbeare）と呼んでいるが、これは十字架の死から三日目に、香料を携えてイエスの墓を訪ねたことからつけられたもの。正教会では復活祭後の第二日曜日を**聖携香女の主日**として祝う。

伝承によると、ローマ皇帝ティベリウス（在位一四―三七）に福音を伝えたのはマグダラのマリアだった。また、紅く染めた卵が復活のシンボルとなったのは、彼女がこれを皇帝に献上したことに由来するという。使徒ヨハネ（↓12月27日）とともにエフェソに赴き、当地で亡くなったが、遺体は九世紀にコンスタンチノープルに運ばれたとされる。フランスのプロヴァンス地方には聖遺物を祀った教会があり、とくにヴェズレーのサント・マドレーヌ聖堂は中世に巡礼地として賑わいを見せた。娼婦の身の上から悔い改めて、神の道を宣べ伝えたとされる生涯は、芸術家たちに豊かなインスピレーションを与えつづけている。二〇〇三年に刊行されたダン・ブラウンの小説『ダ・ヴィンチ・コード』の大ヒットにより、マグダラのマリアのイメージはさらに多彩になったといえよう。

イタリアのアトラーニ町、女性、薬屋、改宗者、美容師、手袋や香水の製造業者、皮なめし職人、観想的生活、告解者、悔い改めた娼婦の守護聖人。性的誘惑にあったり、信心深さの故に嘲笑されたりしたときも、この聖女に祈る。なお、フランス菓子の「マドレーヌ」は、十八世紀にこれを考案した女性の名にちなんで命名されたといわれている。

◆使徒聖ヤコブの日（7月25日）Saint James the Elder, Apostle

希正○　露正○　RC○　聖公○　ルタ○　プロ×　〈黄金〉

漁師から十二使徒のひとりになった、通称「大ヤコブ」を記念する祝日。名前の表記については小ヤコブ（↓5月3日）の項目を参照されたい。

ゼベダイの子としてガリラヤ湖で魚をとっていたが、弟のヨハネ（↓12月27日）とともにイエスに召され、使徒たちのなかでも中心的な位置を占めるようになる。その激情的な性格から、弟ともども雷の子（ボアネルゲ）と呼ばれた。イエスがゲツセマネで祈っているときは、同行したペトロ（↓6月29日）やヨハネとともに眠り込んでしまう一幕もあった。イエスの復活後は宣教に従事し、西暦四四年頃にヘロデ・アグリッパの迫害により斬首されたという（使徒十二・2）。十二使徒のなかでは、最初の殉教者となる。新約聖書の『ヤコブの手紙』の著者とされてきたが、現代では否定されている。

七世紀頃の伝承では、殉教の前にスペインで宣教したといわれているが、これを裏づける証拠はない。また、八一三年にはその遺体が「星の導き」によってイベリア半島北西のサンティアゴ・デ・コンポステーラで発見され、八九九年には墓の場所に聖堂が建設された。ほどなくして、サンティアゴ・デ・コンポステーラは、エルサレム、ローマと並ぶ中世最大の巡礼地となり、現在も多くの巡礼者を集めている。

とくに、七一一年から一四九二年まで、イベリア半島の大半がイスラームの勢力下にあったことから、国土回復運動《レコンキスタ》を展開するキリスト教徒たちにとって、聖ヤコブは戦いの象徴となった。白馬にまたがった聖ヤコブが戦場に現れて、イスラーム軍を蹴散らしたという伝説も残っている。戦場において突撃をかけるとき「サンティアゴ（聖ヤコブ）」のかけ声が使われたことから、その名は進軍の号令を意味するようになった。あの日本の島原の乱（一六三七―三八年）でも、「サンティアゴ！」がときの声として使われたという。

スペイン、グアテマラ、チリ、ニカラグアの守護聖人。この日はスペインの一部の州では休日となり、サンティアゴ・デ・コンポステーラの町では前夜と当日に盛大な祭りが行なわれる。聖ヤコブはとくに巡礼者の守護聖人として知られ、巡礼用の杖やホタテ貝をシンボルとする。このためフランスではホタテ貝を「聖ヤコブの貝(coquille Saint-Jacques)」と呼んでいる。ほかに関節炎やリウマチ患者、薬剤師、獣医、鍛冶屋、騎手、毛皮商人、皮なめし職人、騎士、労働者、スペインの新大陸征服者たちが庇護を受ける。

東方教会では、四月三十日を祝日としている。

◆聖クリストフォルスの日（7月25日）Saint Christopher

希正○　露正○　RC△　聖公×　ルタ×　プロ×　〈黄金〉

大衆によく知られた救難の聖人を記念する日。その名は、ギリシャ語で「キリストを運ぶ者」の意で、クリストファー、クリストフ、クリストフォロ、クリストバル、フリストフォール、克里斯多福、基道霍、基道などの表記がある。愛称にチップ、クリス、キットなど。

東西教会を通じてもっとも人気のある聖人のひとりだが、その生涯についてはっきりしたことはわかっていない。伝承によれば、クリストフォルスはカナン出身の巨人で、もともとの名前はレプロブスといった。この世でもっとも偉大な君主に仕えようと旅に出たが、国王より悪魔、悪魔よりもキリストが力をもつことを知ると、川のほとりに小屋を建て、渡し守の仕事につく。そして、ある日幼い少年を肩に乗せて川を渡ると、全世界を背負ったような重さを感じる。この少年こそがキリストだった。レプロブスはキリストを救い主として受け入れ、名前をクリストフォルスと改めたのち異教徒への伝道に励むが、ローマ皇帝デキウス（在位二四九—二五一）下の迫害によって殉教したという。『黄金伝説』に描かれた彼の物語をベースに芥川龍之介が上梓したのが、『きりしとほろ上人伝』（一九一九年）である。

右のエピソードから、西方教会の伝統では、キリストを肩に乗せて川を渡る巨人の姿で描かれるのがふつう。中世には、教会の入口や橋などに彼の彫像が置かれ（壁画の場合もある）、「聖クリストフォルスを見る者は、その日一日倒れない」と信じられていた。

旅人、巡礼者、そして嵐や悪疫、頓死、てんかんから身を守りたい人の守護聖人。いわゆる交通安全に関わる聖人なので、ドライバーたちは彼の祝日に自動車を祝福してもらうため教会に行列をつくった。だが、一九六九年には、実在が疑わしいとして聖クリストフォルスの名はローマ・カトリック教会の暦から消えてしまった。もっとも、長年庶民に親しまれてきた聖人だけあって、地方教会レベルでの崇敬はつづいており、いまなお彼の姿を刻んだメダイ（メダル）を身の回りに置く人は多い。

いっぽうの東方教会では六世紀頃から崇敬されており、彼の出自を食人の習慣のある犬頭人とする伝承があることから、犬頭人身の姿で描かれたイコンも残っている。聖クリストフォルス伝承の背後には、キリスト教が野蛮な異教に勝利するというテーマが隠されているようだ。東方では、三月九日を記念日としている。

◆聖ヨアキムと聖アンナの日（7月26日） Saints Joachim and Anne (Ann, Anna), parents of Mary; Parents of the Blessed Virgin

希正○　露正○　RC○　聖公△　ルタ×　プロ×　〈黄金〉

信じる者の父である神よ、

あなたは聖ヨアキムと聖アンナによって、
救い主の母マリアを世に与えてくださいました。
（カトリック教会ミサ典礼書　集会祈願）

イエスを生んだマリアの両親を記念する日。このふたりをローマ・カトリック教会では「聖マリアの両親」、正教会では「神の祖父母」と呼ぶ。

ヨアキムはヘブライ語で「神により立てられた」の意をもち、ジョアキム、ジョアキン、ヨアヒム、ヨーアヒム、ジョアシャン、イオアキム、ユアキム、雅敬、若亜敬、約阿希姆とも書く。アンナはヘブライ語のハンナ（Hannah）のギリシャ語・ラテン語版で、「神の恵み」の意味。アナ、アン、アンヌ、アンナ、アンネ、安納、安妮、安娜、亜納といった表記がある。ルカ伝（二・36）に登場する女預言者アンナ（Anna the Prophetess）とは別人。

マリアの両親は聖書の正典に登場しないが、外典の『ヤコブ原福音書』には「ヨアキムとアンナ」とその名が記されている。年老いても子どもに恵まれず、祈りの日々を過ごすうちに、ようやくマリアを授かった（→聖母マリアの誕生日　9月8日）。ふたりは神に感謝を捧げ、マリアを神殿に奉献する（→聖マリアの奉献日／生神女進堂祭 11月21日）。『黄金伝説』によると洗礼者ヨハネ（↓6月24日）の母エリサベトはアンナの姉妹の娘とされている。また、アンナは最初の夫ヨアキムを見送った後、二度再婚したことになっている。

東方では六世紀に聖アンナに捧げられた教会が建てられ、西方では八世紀に聖遺物とされるものが登場した。十四世紀には一般に崇敬が広まり、一五八四年にローマ・カトリック教会全体で聖アンナ、聖母の御母の祝日を祝うようになった。

アンナのイメージとしてもっとも有名なのは、レオナルド・ダ・ヴィンチによる「聖アンナと聖母子」だろう。また、若き日のマルティン・ルターが落雷に遭遇して「聖アンナ様、私は修道士になります」と叫んだエピソードもよく知られている。フランスにおけるアンナ崇敬の中心地といえるブルターニュ地方のサンタンヌ・ドレでは、彼女の祝日に「パルドン祭」と呼ばれる巡礼祭が行なわれる。また、カナダ・ケベック州にあるサンタンヌ・ド・ボープレ大聖堂も多くの巡礼者を集めている。

アンナはカナダ、フランス、カリフォルニア州サンタアナ市などの守護聖人。未婚女性、子どものいない女性、主婦、妊婦、母親、祖母、お針子やレース編み職人、鉱夫、貧者、馬に関わる人たちを守護する。興味深い保護対象としては銀山があり、これはイエスが太陽と黄金と同一視されるのに対し、祖母アンナは月と銀になぞらえられるため。

マリアの母としてアンナの名はゆるぎないが、これに対して、マリアの父の名のほうはヨアキムのほかにも諸説がある。聖ヨアキムが広く言及されるようになったのは東方で七世紀以降、西方ではもっと遅く中世以降のことだ。西方での祝日は変遷があり、一九一三年から六九年までのカトリック教会の祝日は八月十六日となっていた。父親、祖父の守護聖人。

かつて聖アンナ単独の祝日だった七月二十六日は、現在カトリック教会やイングランド聖公会などでヨアキムを含む夫妻の記念日となっている。正教会では聖アンナ単独の祝日は西方と一日違いの七月二十五日、神の祖父母の祝日は九月九日。

八月 August

The Assumption of Mary

◆聖ペトロの鎖記念日（8月1日）Saint Peter's Chains

希正×　露正×　RC○　聖公×　ルタ×　プロ×

ローマ・カトリック教会において、使徒ペトロ（↓6月29日）の鎖を記念する日。過越祭の時期に、ヘロデ王の命令で投獄されたペトロの前に主の使いが現れ、その鎖がはずれて奇跡的に脱出できた聖書の記事（使徒十二・1―17）に基づく。八月一日が記念日となったのは、このペトロの鎖を聖遺物とする教会の献堂が、この日に行なわれたことによる。

◆収穫感謝日（8月1日）Lammas Day

希正×　露正×　RC×　聖公△　ルタ×　プロ×

この日はまた、英国では収穫感謝の日とされ、旧い祈禱書や世俗の暦にもラマス・デー（Lammas Day）の文字が入っている。その起源は古く、キリスト教が伝わる以前から、サクソン人たちはこの日に大地の恵みを感謝する祭りを行なっていた。英語のラマスとは loaf（パン）または lamb（子羊）に mass（ミサ、祭日）がついてできた語と考えられている。初期のイングランドの教会では収穫祭としてこの日を祝い、その年はじめて収穫した小麦を使って焼いたパンを神に捧げた。

恵みに溢れる全能の神よ、季節に従い、大地の産物を豊かに与えてくださることを感謝いたします。
（日本聖公会祈祷書）

スコットランドでは、この日が四季支払日となっており、一九九〇年の法律で名称は同じまま日付だけ二十八日に変更された。

なお、アメリカでは十一月の第四木曜日が感謝祭（Thanksgiving）として国民の祝日になっているが、この日はメイフラワー号で新大陸に移住した人びとが最初の収穫を先住民とともに祝ったことを記念したものだ。日本でも、これに近い十一月の第四日曜日に収穫感謝の行事を行なう教会がある。

◆主の変容日（8月6日、または灰の水曜日直前の主日など）　The Transfiguration of the Lord

希正◎　露正◎　RC○　聖公○　ルタ○　プロ×

イエスが山上での祈りのときに姿が変わって、神の子であることを弟子たちに示したことを記念する祝日。福音書では、ヨハネを除く三福音書に記述がある。

六日の後、イエスは、ただペトロ、ヤコブ、ヨハネだけを連れて、高い山に登られた。イエスの姿が彼らの目の前で変わり、服は真っ白に輝き、この世のどんなさらし職人の腕も及ばぬほど白くなった。エリヤがモーセと共に現れて、イエスと語り合っていた。（マルコ九・2—4）

この記述にある山は、ナザレの南東にあるタボル山とされてきたが、ヘルモン山や、オリーブ山を候補に挙げる人もいる。主の変容日の起源ははっきりしないが、最初は東方の教会のローカルな祝日として始まった。七世紀頃にはエルサレムで祝われており、九世紀には広くビザンチン帝国に広まった。徐々に西方にも伝わり、一四五七年に祝日を八月六日と定めたのは、教皇カリスト三世である。その前年、コンスタンチノープルを陥落させて勢いに乗ったトルコ軍がヨーロッパに侵攻したところを、ベオグラードでハンガリー軍が食い止めるという出来事があった。この勝利の報を教皇が耳にしたのが八月六日だったのである。

中華圏では耶穌顯聖容とか主顯聖容節、基督易容顯光日と表現する。正教会では主の変容祭、もしくはキリストが栄光を顕したことを強調して主の顕栄《けんえい》祭といい、十二大祭のひとつとして祝う。信徒はこの日、果物やその年の初穂を捧げる慣習がある。イングランド聖公会の暦に入ったのは一六六二年以降である。この日を移動祝日としている教会もあり、たとえばスウェーデンとフィンランドのルター派教会はペンテコステ後第八主日、その他の地域のルター派教会は顕現節最後（灰の水曜日直前）の主日、またアルメニア教会ではペンテコステ後第七主日に記念する。

エルサルバドルでは、この日を含む八月第一週に、国の守護者である「世界の救い主（エルサルバドル・デル・ムンド）」キリストを称える祭りがある。

◆聖ラウレンチオの日（8月10日）　Saint Laurence（Lawrence）

希正○　露正○　RC○　聖公○　ルタ△　プロ×　〈黄金〉

二五八年に殉教したローマの執事（助祭）を記念する祝日。スペイン生まれと伝えられる。その名はラテン語で「月桂冠を戴いた」の意で、ローレンス、ロレンス、ローレンツ、ローラン、ロレンツォ、ロレンソ、ロレンシオ、ラウレンティウス、ラウレンティ、老楞佐、羅蘭士、勞倫斯、勞倫などとも表記する。ローレンは女性形。

まだキリスト教が禁じられていたウァレリアヌス皇帝の治下、ラウレンチオはローマ教皇シスト二世に仕える七人の執事のひとりとして、教会の財産を守り、貧しい人びとへの施しをする役目を負っていた。

ある伝承によると、二五八年、皇帝の命により教皇と六人の執事が逮捕され、処刑されることになった。処刑の直前、教皇はラウレンチオにこう告げた。「お前も三日のうちにわたしのあとを追うことになるだろう。それまでに教会に残った財産を整理して、すべて孤児や未亡人、困っている人びとに分け与えなさい」。教皇たちは八月六日に斬首され、今度はラウレンチオも捕らえられた。ローマの役人は、「カエサルのものはカエサルに」というイエスの言葉をもち出して、三日以内に教会の財産を皇帝に差し出すようにラウレンチオに命じた。そして八月十日、ラウレンチオは体の不自由な者や病の者、貧しい者や老いた者を大勢ともなって役人の前に現れ、「この人たちこそ教会の真の財産です」と言った。

ラウレンチオは灼熱の格子（網）の上で時間をかけてあぶり殺されたとされており、シンボルは焼き網。ラウレンチオの忍耐強い死に様は人びとに感銘を与え、少なからぬ市民がキリスト教に改宗したという。聖人伝でよく言及されるのは、火に焼かれているときに言ったとされる「片側はもうよく焼けたから、裏返してください」とという（ユーモラスな）台詞だ。ローマ教会ではもっともよく知られた聖人のひとりで、コンスタンチヌス大帝の時代に、彼の墓の上に礼拝堂が建てられた。ローマ市、オランダのロッテルダム市、スリランカの守護聖人。執事のほか、文書保管係や図書館員、兵器製造者、ガラス工、ステンドグラス製造者、刃物師、皮なめし職人、肉屋、菓子製造人、料理人、酒造家、飲食店経営者、コメディアン（お笑い芸人）、洗濯屋、学生や神学生の守護聖人。貧者や病にある人を力づけ、腰痛や火事から守ってくれる。

東方教会でも同じ日にこの聖人を祝っている。

◆聖母被昇天日／生神女就寝祭（8月15日）The Assumption of the Blessed Virgin Mary / Repose of the Theotokos; Dormition of Our Most Lady Holy Theotokos and Ever-Virgin Mary; Saint Mary, Mother of Our Lord

希正◎　露正◎　RC◎　聖公△　ルタ△　プロ×　〈黄金〉

全能　永遠の神よ、
あなたは、御《おん》ひとり子《ご》の母、汚《けが》れのない　おとめマリアを、からだも魂も、ともに天の栄光に上げられました。
（カトリック教会ミサ典礼書　集会祈願）

イエスの母マリアが地上での生涯を終え、復活したことを記念する祭日。ローマ・カトリック教会と東方教会で祝うが、このふたつの教会では祝う意味合いが異なるため、与えられた呼称もおのずと異なる。

新約聖書のマリアに関する記述は、『使徒言行録』（一・14）において、聖霊降臨を願う使徒たちと一緒に祈っている場面が最後である。その死について、聖書の正典は何も語っていないが、外典やキリスト教文学にはさまざまな記述がある。ある伝承によると、エルサレムにいたマリアのもとに再び天使ガブリエルが現れ、死期が近いことを告げた。世界の各地にいた使徒たちが不思議な方法で呼び寄せられ、彼らの見守るなか、イエス自身がマリアを迎えに訪れて、その魂を天に運んでいった。使徒たちはマリアの遺体を葬ったが、ひとりだけ臨終に間に合わなかった使徒トマス（↓12月21日）の頼みで、最後の別れのために墓を開けると、そこには体を覆っていた布しか残っていなかった。使徒たちは、マリアの魂だけでなく、肉体も天に上げられたことを確信したという。その時期はイエスの昇天後数年から五十年まで諸説があり、エルサレムのほかにエフェソも永眠の地の候補に挙がっている。

マリア永眠の日が祝われた記録は古く、東方では四世紀もしくは五世紀にさかのぼる。ギリシャでは当初一月十八日と八月十五日に分けて祝っていたが、七世紀初頭に後者の日付のみとなった。これが西方でも祝われるようになったのは、教皇セルジオ一世（在位六八七―七〇一）の時代で、八六三年には教皇ニコラオ一世がこの日をイースター、クリスマス、ペンテコステと並ぶ祝日の位置に引きあげた。現在、暦に複数入っているマリアの祝日のなかで、もっとも大切にされている祝日である。

ローマ・カトリック教会ではこの日を聖母の被昇天の祝日（中華圏では聖母蒙召升天節）という。英語の assumption はラテン語の assumptio（引き上げる）を語源とし、日本語では「被昇天」となる。マリアの死にこの語を用いるのはカトリック教会のみで、マリアを無原罪とする教義（↓無原罪の聖マリアの日　12月8日）に関連している。すなわち、神の母たるマリアは原罪なくして生まれたため、原罪の結果である死の腐敗から免れ、臨終の直後に肉身《にくしん》と霊魂ともども天に上げられたと解釈する。キリストの場合は「昇天」というが、マリアの場合は自ら天に昇ることはできず、キリストの力を被った昇天のため、「被昇天」の語を使う。マリアが天に引き上げられてゆく姿はとくにルネサンス期以降、数多くの絵画の題材となってきた。

教義が信仰箇条として宣言されたのは二十世紀になってからで、教皇ピオ十二世の一九五〇年の回勅による。イングランド聖公会では長らくこの日を公式に祝ってはいなかったが、二〇〇〇年版祈禱書にはおとめマリアの祝日（The Blessed Virgin Mary）として赤文字で掲載されている。また、日本を含む一部の聖公会、および一部のルター派教会でも、**主の母聖マリア日**という名で記念している。ただし、これらの教会は被昇天の教義は認めていない。

いっぽう、正教会では**生神女就寝祭**と称し、十二大祭のひとつとして祝う。「就寝（英語では Falling-Asleep; Repose; Dormition）」の語には、マリアが死に赴くこと、復活するという意味が込められている。イコンではイエスの弟子たちが取り囲むなかでマリアの亡きがらが横たわり、そのかたわらに幼な子を抱いたイエスが立つ構図が一般的。イエスの抱く子どもは幼いマリア、すなわち彼女の霊魂を表している。このことからもわかるように、東方では西方のようにマリアの永眠直後に肉体と霊魂が同時に天に上げられたとは考えない。ただし、二二八頁で紹介した伝承から、埋葬の数日後にイエスがマリアを復活させ、肉体とともに天に移したと信じる。つまり「肉体も天に上げられた」との信仰は東西で共通するが、上げられた時期と、教義として強調しているかという点においては異なっている。また、東方では八月一日から十四日までは「生神女就寝祭の斎《ものいみ》」となっており、この時期は祝いごとが許されない。なお、中華圏の正教会では聖母長眠紀念日とか聖母安息節などと表現する。

生神女よ、爾は産む時童貞を守れり、寝《ね》る時世界を遺《のこ》さざりき。爾は生命《いのち》の母として生命に移れり、爾の祈禱を以て我等の霊を死より脱《まぬが》れしめ給ふ。

（生神女就寝祭の讃詞《トロパリ》　日本ハリストス正教会　祭事経より）

一五三四年のこの日にイエズス会が結成され、一五四九年には同じ日に宣教師フランシスコ・ザビエル（↓12月3日）が鹿児島に上陸して、日本を聖母マリアへ奉献した。いわば、日本がキリスト教に出会った日ともいえる。かつて、長崎のカトリック家庭ではマリアの被昇天を祝って、ふくれ饅頭（甘酒で種を膨らませる饅頭）をつくり、近所に配る慣習があった。

ローマ・カトリック圏では多くの国が法定休日としている。コスタリカではこの日を「母の日」とし、グルジアでは二十八日（旧暦の十五日）が公休日となっている。

一年のうち、この日の祭りを一番盛大に祝う地域もある。とくに多くの巡礼者で賑わうのは、ラトヴィア・ラトガレ地方のアグルァナ聖堂（ローマ・カトリックのラトヴィア大司教座）だ。前夜から町はロウソクの灯りに包まれ、夜通し礼拝が行なわれる。また、ポーランド・チェンストホーヴァのヤスナ・グラ修道院にある「黒い聖母マリア」のイコン、そしてギリシャ・ティノス島のパナギア・エヴァンゲリストリア教会にある「生神女の奇跡のイコン」をめざして、この日おびただしい数の巡礼者がつめかける。

◆聖イシュトバーンの日（8月16日） Saint Stephen of Hungary

希正×　露正×　RC△　聖公×　ルタ×　プロ×

ハンガリー建国の父イシュトバーン一世（九七〇頃―一〇三八）を記念する日。ハンガリー公爵の息子として生まれ、十歳で父と一緒に洗礼を受けたときに聖ステファノ（↓12月26日）にちなんだ名を授かった。イシュトバーンとは、ステファノのハンガリー読みである。

父の没後、継承権を巡る戦いに勝利してマジャール民族を統一し、一〇〇〇年のクリスマスにハンガリー国王の座に着いた。伝承によれば、このとき教皇シルヴェストロ二世（在位九九九―一〇〇三）から見事な王冠を贈られたという。この王冠は「聖イシュトバーンの王冠」と呼ばれ、第二次大戦後の混乱期にアメリカ軍の管理下に置かれたこともあったが、その後返還され、独立国家ハンガリーの象徴として現在も大切にされている。

イシュトバーンの時代はまだハンガリーに異教徒が多かったが、彼はキリスト教信仰を国家の柱に据え、バイエルンから迎えた妃の助力も得て、福音伝道と教会・修道院の設立に力を注いだ。一〇三八年八月十五日没。一〇八三年に列聖され、ローマ・カトリック教会では命日の翌十六日を記念日としている。ハンガリーでは、彼の聖遺物がブダに移された日を記念して、二十日を初代国王イシュトバーンの日、すなわち建国記念日（法定休日）として祝う。なお、彼の右手の聖遺物はブダペストの聖イシュトバーン大聖堂に保管されており、八月二十日の記念日には、行列とともに街を練り歩く。

レンガ職人、石工、国王の守護聖人。

◆使徒聖バルトロマイの日（8月24日）Saint Bartholomew, Apostle

希正○　露正○　RC○　聖公○　ルタ○　プロ×　〈黄金〉

十二使徒のひとりバルトロマイの祝日。その名はヘブライ語で「トルマイ家の息子」の意で、バーソロミュー、バルトロメウス、バルテルミ、バルトロメオ、バルトロメ、巴多羅買、巴爾多祿茂、巴薩羅穆の表記もある。

この使徒については、聖書には名前しか記されていないため、詳しいことはわからない。ガリラヤのカナ出身のナタナエル（ヨハネ一・45—49、二十一・2）と同一人物とする説が有力だ。インドで宣教したのち、アルメニアで皮をはがれて殉教したといわれる。この伝承から、ナイフとはがれた皮がアトリビュート。ミケランジェロの大作「最後の審判」にも、自分の皮を手にしたバルトロマイが描かれている。ローマとカンタベリーの教会に聖遺物がある。

アルメニア、製本業者、肉屋、靴職人、左官、革製品や皮なめしの職人、毛皮をとる猟師の守護聖人。神経の病気や痙攣のときの守護者。

世界史上では、フランスで一五七二年のこの日に始まったローマ・カトリック教徒によるプロテスタント教徒の虐殺を、「サン・バルテルミの虐殺」と呼んでいる。

東方教会では、六月十一日を祝日としている。

◆洗礼者聖ヨハネの殉教日（8月29日）

The Beheading of Saint John the Baptist; The Decollation of Saint John Baptist

希正○　露正○　RC○　聖公△　ルタ△　プロ×　〈黄金〉

イエスに洗礼を授けたヨハネが、ヘロデ王の命により首を切られて殉教したことを記念する日。正教会では前駆授洗イオアンの斬首祭《ざんしゅさい》といい、慶賀の日であるとともに斎《ものいみ》を守るべき日となっている。旧くは洗者聖ヨハネの刎首、中華圏では聖若翰洗者殉道とか聖若翰蒙難紀念日などと表現する。

ヨハネの死の経緯を、聖書はこう語っている。

実は、ヘロデは、自分の兄弟フィリポの妻ヘロディアと結婚しており、そのことで人をやってヨハネを捕らえさせ、牢につないでいた。ヨハネが、「自分の兄弟の妻と結婚することは、律法で許されていない」とヘロデに言ったからである。そこで、ヘロディアはヨハネを恨み、彼を殺そうと思っていたが、できないでいた。なぜなら、ヘロデが、ヨハネは正しい聖なる人であることを知って、彼を恐れ、保護し、また、その教えを聞いて非常に当惑しながらも、なお喜んで耳を傾けていたからである。ところが、良い機会が訪れた。ヘロデが、自分の誕生日の祝いに高官や将校、ガリラヤの有力者などを招いて宴会を催すと、ヘロディアの娘が入って来て踊りをおどり、ヘロデとその客を喜ばせた。そこで、王は少女に、「欲しいものがあれば何でも言いなさい。お前にやろう」と言い、更に、「お前が願うなら、この国の半分でもやろう」と固く誓ったのである。少女が座を外して、母親に、「何を願いましょうか」と言うと、母親は、「洗礼者ヨハネの首を」と言った。早速、少女は大急ぎで王のところに行き、「今すぐに洗礼者ヨハネの首を盆に載せて、いただきとうございます」と願った。王は非常に心を痛めたが、誓ったことではあるし、また客の手前、少女の願いを退けたくなかった。そこで、王は衛兵を遣わし、ヨハネの首を持って来るようにと命じた。衛兵は出て行き、牢の中でヨハネの首をはね、盆に載せて持って来て少女に渡し、少女はそれを母親に渡した。

（マルコ六・17―28）

ここに登場するガリラヤの領主ヘロデは、嬰児虐殺（↓12月28日）を命じたヘロデ大王の第二子、ヘロデ・アンティパスである。彼が妻に迎えたヘロディアの娘の名は聖書に記されていないが、歴史家ヨセフスは『ユダヤ古代誌』において、その名をサロメと伝えている。ヨハネの殉教に荷担した少女サロメは、古くから芸術家の題材となってきたが、ギュスターヴ・モローの絵画「出現」（一八七六年）が、退廃と耽美のイメージをつけ加えた。妖婦サロメの像を決定づけたのは、オスカー・ワイルドの戯曲『サロメ』（一八九三年出版）である。オーブリー・ビアズリーの挿絵があまりにも有名だ。のちにリヒャルト・シュトラウスによってオペラ化され、洗礼者ヨハネの殉教は音楽ファンのあいだでもよく知られた物語となっている。

洗礼者ヨハネの首を祀った廟は、ダマスカス旧市街にある世界最古のモスク、ウマイヤド・モスク内部にある。このモスクは、もともと洗礼者ヨハネに捧げられた聖堂を八世紀に改造したもの。二〇〇一年五月、ヨハネ・パウロ二世はローマ教皇としてはじめてこのモスクに入り、ヨハネの廟の前で祈りを捧げた。

九月 September

St. Michael the Archangel

◆聖母マリアの誕生日（9月8日） The Nativity of the Blessed Virgin Mary

希正◎　露正◎　RC◎　聖公○　ルタ×　プロ×　〈黄金〉

マリアの誕生を記念する、東方正教会とローマ・カトリック教会の祝日。中華圏では聖母聖誕節、聖母誕生節、聖母誕辰慶日ともいう。

年老いてから娘をさずかったヨアキムとアンナ（↓7月26日）は神に感謝を捧げ、マリアを神殿に奉献する（↓聖マリアの奉献日／生神女進堂祭　11月21日）。

エルサレムには、マリアの両親を記念して五世紀に教会が建てられた。現在、旧市街のライオン門の近くにある聖アンナ教会はその場所に再建されたもので、その地下にはマリアが生まれたとされる洞窟が保存されている。

東方教会ではすでに八世紀にこの祝日を祝っていた記録があり、西方でも教皇セルジオ一世（在位六八七—七〇一）が言及しているが、教会全体で受け入れられたのは十一世紀以降のことだ。

東方教会の暦では九月一日が新年となるため、新年を迎えて最初に祝う十二大祭が、このマリアの誕生を祝う**生神女誕生祭**となる。この日の奉神礼では、次の歌を唱えて生神女マリアを頌美する。

神を生みし童貞女《どうていじょ》や、爾《なんじ》の誕生は
　全世界に喜悦を知らしめり。
義の日ハリストス　我が神は爾《なんじ》より出でて光り、
かつ詛《のろい》を破りて福を降《くだ》し、死を虚《むな》しうして
我等に永生《えいせい》を賜へばなり
（祭日経　日本ハリストス正教会訳）

マリアの誕生日は聖公会の暦にも入っている。香港では童貞女聖馬利亞日という。リヒテンシュタイン、アンドラ公国などでは法定休日。

◆十字架称賛日（9月14日）Holy Cross Day; The Exaltation of the Holy Cross

希正◎　露正◎　RC◎　聖公○　ルタ△　プロ×〈黄金〉

主イエス・キリストの十字架のほかに
　わたしたちには誇るものがない。
キリストのうちに、救いと　いのちと復活がある。

（カトリック教会ミサ典礼書　入祭唱）

ゴルゴタの丘でイエスが架けられた十字架を記念する日。まずエルサレムで祝われ、東方から西方の教会に伝わった。

この十字架を発見したのは、コンスタンチヌス大帝の母后ヘレナ（ヘレン、エレナとも表記する。三二八年頃没）である。庶民の生まれで、コンスタンチウス一世と結婚したが、のちに離婚を強いられた。キリスト教の熱心な信者となり、三〇六年に息子のコンスタンチヌスが皇帝となってからは皇太后として相応の地位を与えられ、帝国の各地に教会を建立した。

いっぽうのコンスタンチヌスは、コンスタンチノープルを建設し、三一三年の「ミラノ勅令」によってキリスト教を公認した。帝位を賭けた戦いの前に、十字架と「この印により勝利を収めよ」の文字を幻に見たといわれている。キリスト教会のはじめての公会議も、この大帝の治世中にニケアで開催された（三二五年、ニケア公会議）。

この公会議の翌年、八十歳近くになっていたヘレナ皇太后は、エルサレムへ巡礼を行なう。そして、伝承によれば、現在の聖墳墓教会のある地で三本の十字架を発見する。瀕死の病人がそのなかの一本に触れたところ、たちまち癒やされたことから、イエスの十字架が特定された。ヘレナはこの十字架発見の場所のほか、ベツレヘムでイエスが生まれた洞窟、イエスが昇天したオリーブ山にも教会を建てた。また、十字架の一部をローマやコンスタンチノープルにもち帰った。現在、聖十字架の破片とされるものを保存する教会は、世界のあちこちにある。

三三五年九月十三日に聖墳墓教会が献堂され、正教会ではこの日を同教会（復活大聖堂）の記念日として現在も守っている。六一四年にササン朝ペルシャの侵入があり、聖十字架は戦利品としてもち去られた。これをとり戻したのは東ローマ皇帝ヘラクリウスで、六二九年九月十四日に十字架を自ら担ぎ、修復した教会に戻したという。

九月十四日を正教会では**聖十字架挙栄祭**といい、十二大祭のひとつとして祝う。中華圏では聖十字架日、光榮十字聖架慶日、擧揚十字聖架節、擧榮十字架節などともいう。前駆授洗イオアンの斬首祭（↓8月29日）と同様に、慶賀の日にして斎《ものいみ》の日でもある。信徒は、前日の晩禱に引き出された十字架に伏拝や接吻をして崇敬の念を示す。

ローマ・カトリック教会では古くはこの日に十字架発見と聖墳墓教会の献堂を祝っていたが、八世紀以降に十字架発見を切り離して五月三日に記念し（この祝日は一九六〇年に廃止)、九月十四日を十字架称賛の日とした。聖公会では、聖十字架日と呼んでいる。

なお、十字架を発見したヘレナは聖人の一員となり、西方では八月十八日、東方ではコンスタンチヌスと同じ五月二十一日が記念日となっている。十字架称賛を記念するカトリックの聖堂には、聖ヘレナの彫像を中央祭壇に置くところもある。

◆福音記者・使徒聖マタイの日（9月21日）Saint Matthew, Apostle and Evangelist

希正○　露正○　RC○　聖公○　ルタ○　プロ×　〈黄金〉

新約聖書の『マタイによる福音書』を書いたとされる、十二使徒のひとりを記念する祝日。その名はヘブライ語で「神の賜物」の意をもち、マシュー、マテーウス、マテュー、マッテオ、マテオ、マトフェイ、馬太、瑪竇の表記もある。

元の名はアルファイの子レビといい、カファルナウムの徴税人だった。この職業は、ローマ帝国の徴税請負人の手先となって同胞から税を徴収するもので、民から気まぐれに金を搾取し、私腹を肥やす者も多かった。従って、当時は罪人や娼婦と同列に扱われるくらい軽蔑され、忌み嫌われる存在だったが、イエスはそんなマタイが収税所に座っているのを見かけて、「わたしに従いなさい」と声をかける。マタイはすぐにその声に応えた。

その後のマタイの具体的な働きは不明だが、エチオピアや東洋のユダヤ人たちに主の教えを伝えたといわれている。伝統的に福音書の著者として扱われてきたが、現代では、マタイ伝の著者と使徒マタイは別人とする説が有力だ。絵画では、紙に何かを書きつけている姿、財布などをたずさえて描かれることが多い。同じ福音記者のマルコは獅子、ルカは牛、ヨハネは鷲、そしてマタイは人間の顔をシンボルとする（エゼキエル一・10）。

イタリア・サレルノの守護聖人。ほかに、徴税人、銀行家、会計士、株式仲買人などのお金に関する職業、保安や警備担当者を守護する。

東方教会では、十一月十六日を祝日としている。

◆聖ヴァーツラフの日（9月28日）

Saint Wenceslas (Wenceslaus; Vaclav) of Bohemia

希正×　露正○　RC△　聖公×　ルタ×　プロ×

十世紀初頭に生まれたボヘミアの大公を記念する日。ウェンセスラスとも表記し、この聖人をうたったクリスマスキャロル「ウェンセスラスはよい王様（Good King Wenceslas）」は、日本でもよく知られている。名前はスラヴ語で「栄光ある」の意で、ベンセスラオ、中華圏では瓦茨拉夫、文策老とも書く。

クリスマスキャロルの軽やかなイメージとは違い、ヴァーツラフの生涯は短く、悲しいものだ。九世紀から十世紀にかけてのボヘミアはキリスト教の導入期に当たり、まだまだ異教徒との宗教的・政治的対立が絶えなかった。ヴァーツラフの祖父母（ボヘミア大公夫妻）は、スラヴの使徒聖メソディウス（↓5月24日）から洗礼を受け、ボヘミアにはじめてのキリスト教会を建てた人物である。だが、ふたりが息子の嫁に迎えたラウジッツ大公の娘ドラゴミールは、異教徒だった。このドラゴミールがヴァーツラフの母となる。

敬虔な祖母リュドミラ（のちの聖人。祝日九月十六日）の影響で、ヴァーツラフはキリスト教の信仰をもつ。だが、野心家の母ドラゴミールは、息子に対するリュドミラの影響力が大きいことを嫌って、刺客を送りこの義母を亡き者にする。その三年後にボヘミアの大公の座に就いたヴァーツラフは、生涯を貞潔のまま神に捧げることを決心し、ドイツからキリスト教の伝道師を招く。だが彼の情熱的な信仰は異教徒たちの反感を買い、九二九年に起こったドイツのボヘミア侵略を許容するに及んで、反対派の貴族たちはヴァーツラフの弟ボルズラフの擁立に動いた。九二九年九月二十八日、ミサに向かったヴァーツラフは、教会の扉の前でこの実弟に暗殺される。まだ二十代の若さだった。

ヴァーツラフの墓で奇跡が起こることを知ったボルズラフは、数年後、兄の亡きがらをプラハの聖ヴィート（ウィトス）教会に移した。この教会は、ヴァーツラフ本人が創設したものである。十世紀にはリュドミラとヴァーツラフの伝記が書かれ、聖ヴィート教会（のち大聖堂）は一大巡礼地となった。

ボヘミアとモラヴィア（チェコ）の守護聖人。民族意識の高まりとともに、民族の英雄として人気が高まった。チェコには今でも、祖国に危機が迫ったときはヴァーツラフ大公が配下の騎士たちを連れて駆けつける、という伝説がある。プラハの聖ヴァーツラフ広場は、チェコの歴史に残るさまざまな革命的事件の舞台ともなった場所だ。この日は大公を追悼し、チェコ国家の独立を祝う日として法定休日になっており、ヴァーツラフ大公にちなんだ祭が開催される。ロシア正教会でも聖人となっている。

キャロル「ウェンセスラスはよい王様」では、雪の降る晩、お小姓をお供に、山里に住む貧しい農夫まで「肉とワインとたきぎ」を届けにいく、慈悲深い王様として描かれている。この歌は、ヴァーツラフが貧しい者の味方だった伝承を土台として、十九世紀の英国でつくられたものだが、注目したいのは、この晩が聖ステファノの日（→12月26日）だったことだ。英連邦諸国においてステファノの日は、ボクシング・デー、すなわち雇い人へ贈り物をする日と捉えられていることを考え合わせると、興味深い。

チェコのローマ・カトリック信者は人口の一割ほどだが、二〇〇九年にローマ教皇ベネディクト十六世はこの聖人の日に合わせてチェコを訪れ、聖ヴァーツラフ殉教の地であるスタラ・ボレスラフの教会でミサを捧げた。

◆大天使聖ミカエルの日（9月29日） Saint Michael and All Angels; Saints Michael, Gabriel and Raphael, Archangels; Michaelmas

希正○　露正○　RC○　聖公○　ルタ○　プロ×　〈黄金〉

永遠の神。あなたは人の思いを超えたご計画によって、人間と天使を創造し、その役割を定められました。（ルーテル教会式文　特別の祈り）

旧約聖書の『ダニエル書』、新約聖書の『ユダの手紙』および『ヨハネの黙示録』に登場する美しい大天使、ミカエルを記念する祝日。古来、秋分の日と同格に扱われてきた大事な祝日である。かつてのローマ・カトリックでは日本国守護者聖ミカエル大天使単独の一級大祝日、現在では聖ミカエル・聖ガブリエル・聖ラファエル大天使と三人の大天使の名前が入った。聖公会では聖ミカエルおよび諸天使の日、ルーテル教会ではミカエルと天使の記念日としている。その名はヘブライ語で「神と似た者は誰か」の意味をもち、マイケル、ミヒャエル、ミシェル、ミケーレ、ミゲル、ミギル、ミハイル、米迦勒、米加勒、彌額爾、彌格爾、邁可などの表記がある。女性形にミシェル、ミカエラなど。

ミカエルは、ルシファーを中心にした天使たちが謀反を起こした折に、天軍の総帥として活躍した。悪魔と戦う信仰の守護者として、キリスト教のほか、ユダヤ教やイスラームでも崇敬されている。ジャンヌ・ダルク（一四一二―三一、祝日五月三十日）に神の声を取り次いだ天使であり、文学作品に言及されることが多い。翼を広げて剣をもち、悪魔やドラゴンを踏みつけた姿はよく絵画や彫刻の題材となっている。

五三〇年のこの日、ローマのサラリア街にある聖堂がミカエルに捧げられたのを記念して祝日となった。イタリアでは住居や農場での雇用契約の更新日であることから、引っ越しするの意味で「聖ミカエルを行なう（fare san Michele）」という表現がある。ミクルマス（Michaelmas）ともいい、イングランド、ウェールズ、北アイルランドでは秋の四季支払日。この日の直後に始まる裁判所の開廷期や大学の秋学期をミカエル開廷期／学期（Michaelmas term）という。英国では、秋の地代を払うとき借地人が地主にガチョウを持参するしきたりがあったことから、この日のディナーにリンゴとクルミを詰めたガチョウのローストを食べる習慣がある。十六世紀のイングランド女王エリザベス一世は、この日ガチョウの食事をとっているとき、アルマダ海戦の勝利の報を聞いたと伝えられている。少女たちはこの日にもいだ野生のリンゴで恋人占いをした。ほかに、ブルーベリーを摘んではいけないとか、馬を盗んでもかまわないといった言い伝えがあったという。アイルランドでは無病息災を願って特別の祈りを捧げ、ガチョウ、または羊かブタをつぶしてパイをつくり、なかに指輪をいれた。それを引き当てた人は、早く結婚できるとされた。

フランス・ノルマンディの洋上にあり、世界遺産にも登録されているモン・サン・ミッシェル（「聖ミカエルの山」の意）の修道院は、この大天使ミカエルのお告げにより八世紀に建てられたチャペルが基礎になっている。イングランドのコーンウォールにある小島セント・マイクルズ・マウント（同じく「聖ミカエルの山」）も、聖ミカエルの幻が出現したと伝えられており、一種の〝霊場〟となっている。

大天使ミカエルは、あのフランシスコ・ザビエル（→12月3日）にも近しい天使で、ザビエル家の守護者とされていた。兄のひとりはミゲル（ミカエル）と命名されている。ザビエルは日本上陸後、一五四九年の大天使ミカエルの祝日を選んで島津貴久公に謁見し、日本宣教の許可を得る。そのため、ミカエルは日本の守護者と仰がれることとなった。

ほかにミカエルを守護聖人としている地域は、イングランド、ドイツ、ベルギーのブリュッセル、パプアニューギニアなど。なお、マイケルという名付けが多い地域にアイルランドがあり、マイケルの略称ミック（Mick）は英語圏ではアイルランド人の、さらにはローマ・カトリック教徒の蔑称ともなった。

誘惑や海難に直面している人、病や臨終の床にある人を力づける天使。通信や報道に関わる人、救急医療士、医療従事者、芸術家、銀行家、船員、桶屋、八百屋、服飾小間物商人、帽子職人、落下傘部隊員、警官、警備員、兵隊、剣職人の守護聖人。

カトリック教会では、五世紀末にミカエルがイタリア南東部のガルガノ山へ出現した日を記念して、五月八日も祝日としていたが、一九六〇年以降は暦から消えた。

東方教会では、ミカエルとその他の天使（無形軍の会衆）を十一月八日に祝う。

十月 October

St. Francis of Assisi

◆生神女庇護祭《しょうしんじょひごさい》（10月1日）　The Intercession of the Theotokos; The Protection of the Most Holy Mother of God

希正○　露正◎　ＲＣ×　聖公×　ルタ×　プロ×

十世紀、コンスタンチノープルの教会に聖母マリアが現れ、人びとを「庇護」したことを記念する日。とくに、スラヴ系の正教会で荘厳に祝われる。

十月一日の日曜日の明け方、マリアのローブやベールなどの聖遺物が保存されているヴラヘルン教会で、佯狂者《ようきょうしゃ》（キリストのために愚者を装う究極の聖者）アンデレ（九三六年没）とその弟子エピファニオスたちが祈っていると、聖母マリアが光に包まれながら、洗礼者ヨハネや使徒ヨハネなどの聖人たちを従えてやってきた。マリアは跪いて涙を流しながら祈り、さらに頭からベールをとって高く掲げると「見える敵と見えざる敵」からキリスト者を庇護するため、祈る人びとの上に広げた。その姿を目にすることができたのは、アンデレとエピファニオスのふたりだけだったが、教会のなかにいた参禱者にもその恵みは感じとれたという。当時、コンスタンチノープルは異教徒の襲撃にあっていたが、このマリアの出現で民衆は勇気づけられ、町を守ることができたと伝えられる。

マリアの広げたベールはロシア語でポクロフ（Pokrov　覆い、および庇護の意あり) と呼ばれ、この祭の名前にもなっている。一一六五年にはロシアでこの出来事に捧げられた聖堂が献堂されており、同じ頃にこの祭がロシア正教会の暦に入れられた。ロシアでは、冬の始まりと結びつき、この日を境に野外での農作業を終え、放牧していた家畜を小屋へと追い入れる。ギリシャ正教会では、十月一日のほか、二十八日にも祝う。

生神女庇護祭を記念した聖堂のうち、もっとも有名なのはモスクワの赤の広場にある聖ワシリイ大聖堂 (正式名・堀の生神女庇護大聖堂) だろう。前述のポクロフから、ポクロフスキー聖堂とも呼ばれる。

◆幼いイエスの聖テレジアの日 (10月1日) Saint Therese of the Child Jesus (of the Holy Face); Saint Therese of Lisieux　希正×　露正×　RC○　聖公×　ルタ×　プロ×

十九世紀フランスのカルメル会修道女を記念する日。若くして帰天した聖女は何人もいるが、このテレジアほど、写真でその姿が知られた聖女はほかにいないだろう。写真集や自叙伝、祈りの本を含めると、日本だけでも三十点に及ぶ本やビデオが出版されている。まさに、ローマ・カトリック教会のアイドルといっていいほどの人気である。

幼きイエズスの聖テレジア、小さい花のテレジア、リジューのテレーズとも呼ばれる。テレジアというとカルメル修道会を改革したアビラの聖テレジア（一五八二年没、祝日十月十五日）が有名だが、アビラのほうを大テレジア、リジューのほうを小テレジアと呼ぶこともある。ギリシャ語で「収穫する者」の意で、ほかにテリーサ、テリーザ、テレーゼ、テレージア、テレザ、テレシア、徳蘭、小徳蘭、徳肋撒などの表記がある。ちなみに、コルカタ（カルカッタ）で貧者に尽くしたマザー・テレサ（二〇一六年列聖）の名は、このリジューのテレジアに由来する。

俗名マリー・フランソワーズ＝テレーズとして、信仰篤いマルタン家に五人姉妹の末娘として生まれた。母親の病没後に一家でリジューに移り住み、当地のカルメル会に入った姉たちを追うように、十五歳で同会の志願者となる。十六歳で着衣式、同じ年に初誓願を立て、「幼いイエスと尊い面影のテレーズ」の名を受けた。

テレジアはとくに偉大な仕事を成し遂げたわけではない。ただ、厳しい修道生活のなかで、自分が弱く小さいことを知り、自分を捨て、苦しみのなかで神のみ旨にすべてを委ね、一心に神を愛し祈りを捧げる生涯を全うした。一八九七年九月三十日夜、結核のため二十四歳で死去。生前は無名だったが、修道院長のすすめで書いた自伝

『ある霊魂の物語（小さき聖テレジア自叙伝）』が死後出版され、多くの読者の心をとらえた。

一九二五年に教皇ピオ十一世により列聖。その二年後には、祈りで宣教を支えたことを評価され、フランシスコ・ザビエル（↓12月3日）とともに宣教師の守護者となった。また、一九四四年にはジャンヌ・ダルクとともにフランスの守護聖人とされている。一九八六年にはフランスで製作された伝記映画（邦題『テレーズ』）が話題を呼び、九七年にはヨハネ・パウロ二世から教会博士の称号を献じられた。彼女の墓のあるリジューのカルメル会修道院礼拝堂は、巡礼地となっている。

カトリックの聖堂に、濃い色の頭巾に白マント、手にキリスト磔刑像と薔薇の花を抱いた若い女性の像があったら、それは幼いイエスの聖テレジアだ。函館にある天使の聖母トラピスチヌ修道院にも彼女の彫像が建っている。

フランスのほか、オーストラリア、ロシアの守護聖人。宣教師、飛行機の運航に関わる人びと、エイズや結核患者、病の床にある人、親を失った人の守護者でもある。

二〇〇八年には彼女の両親であるルイとマリー＝アゼリー・ゲラン・マルタンが列福、七年後の二〇一五年に列聖された。夫婦同時の列聖はカトリック史上初。記念日は七月十二日。

◆世界聖餐日（10月第一日曜日） World Communion Sunday

希正× 露正× RC× 聖公△ ルタ△ プロ△

ともに聖餐に与ることで、全世界の教会がひとりの主に連なるひとつの教会であることを確認する、プロテスタント教会の記念日。

もともとは、一九三六年にアメリカの長老派教会が十月の第一日曜日に礼拝で聖餐を祝ったことに由来する。その背景には、プロテスタントの一派である長老派の聖餐式に対する姿勢がある。すなわち、日曜日ごとに聖体を受ける正教会やローマ・カトリック教会などとは違い、とくに長老派の教会は聖餐式の回数が少なく、時代と地域によっても異なるが、年にほんの数回というところも珍しくない。だからこそ、同じ日に聖餐を祝うことに意味があるわけだ。

戦争の暗雲がたれこめた一九四〇年には、世界のキリスト者が一致の道を歩むことをめざして、連邦教会協議会（FCC）がこれを採用。その後進である米教会協議会（NCC）に引き継がれ、世界教会一致（エキュメニカル）運動の流れのなかで、アメリカを中心に世界の多くの教会がこの日を記念している。

日本基督教団の教会では、一九五八年以降この日を世界聖餐日・世界宣教の日とし、宣教をともに担っていく決意を新たにしている。

◆アッシジの聖フランシスコの日（10月4日）Saint Francis of Assisi

希正×　露正×　RC○　聖公○　ルタ△　プロ×　〈黄金〉

神の人フランシスコは家を出て、財産を捨て、貧しい者となった。神が彼を養ってくださった。

（カトリック教会ミサ典礼書　入祭唱）

フランシスコ修道会の創設者である、清貧と平和の聖人を記念する日。愛にあふれた生涯は、映画などでご存じの方も多いだろう。その名はラテン語で「フランス人」の意味で、裕福な商人だった父親が取引先のフランスにちなんでつけた愛称といわれる。フランシス、フランツ、フランチェスコ、フランセスコ、フランチスコ、フランソワ、方濟、方濟各、法蘭西斯といった表記がある。女性形はフランチェスカ、フランセス、フランソワーズなど。

一一八一年頃イタリアのアッシジに生まれた。もともとの洗礼名はジョヴァンニといい、放蕩と快楽の日々を送っていた。二十歳の頃に従軍して捕虜となり、病に伏した体験を経て回心。ものを所有せずに托鉢をしてまわるという、イエスが教えた通りの清貧な生活を送りはじめる。小さき者たちに奉仕するフランシスコの生き方は、やがて信奉者を集め、ついに教皇インノチェンツィオ三世の祝福を受けて修道会を設立するに至った。すべての被造物を「きょうだい」と呼び、自ら労働に励み、あるときは疫病患者を介抱し、神と自然を讃える聖歌をつくり、動物とともに暮らし、小鳥に説教することもあった。一二二四年には両手両足に聖痕（イエスが十字架上で受けたものと同じ傷）を受けたとされ、彼の生涯は多くの伝説に彩られている。「太陽の賛歌」と呼ばれるフランシスコの祈り、そして「神よ、わたしをあなたの平和の道具としてください」ではじまる「平和の祈り」は、キリスト者の祈りのなかで、もっともよく知られたものだろう。

一二二六年十月三日にポルシウンクラで没。そのわずか二年後、教皇グレゴリオ九世によって列聖されるとともに、アッシジに現在のフランシスコ聖堂が建立された。もちろんアッシジ市の守護聖人であり、一九三九年からは、シエナの聖女カタリナと並んでイタリア全土の守護者となっている。動物、鳥、動物園、動物愛護団体、エコロジスト、環境問題専門家、家庭、レース職人、商人、お針子、タペストリー職人、孤独な死、火事、平和の守護聖人。ローマ・カトリック教会や聖公会、メソジスト教会などでは、神の被造物に対するフランシスコの働きを祝って、当日もしくは十月第一日曜日に動物（ペット含む）の祝福式を行なう教会がある。とくに、ニューヨークのマンハッタンにある聖ヨハネ大聖堂（米国聖公会）で十月第一日曜日に行なわれるアニマル・ブレッシング（動物の祝福式）は規模が大きく、地域の風物詩となっているほどだ。イタリアのボローニャではこの日を法定休日としている。

アメリカのサン・フランシスコがこの聖人にちなんだ地名であることはいうまでもないが、ロサンジェルス、そしてサンタフェの名も同じくフランシスコに関係がある。前者は、スペイン語で El Pueblo de Nuestra Señora la Reina de los Ángeles de la Porciúncula、すなわち「ポルシウンクラの天使の女王、聖母の町（諸天使の元后の町）」を略したもので、ポルシウンクラの聖堂でフランシスコが祈っていると、聖母マリアが現れたエピソードに由来する。また、サンタフェは同じくスペイン語で La Villa Real de la Santa Fe de San Francisco（聖フランシスコの聖なる信仰の宿る国王の町）を縮めたものだ。エクアドルの首都キトは正式にはこの聖人の名から San Francisco de Quito といい、同市内に建つ南米でもっとも巨大かつ最古といわれる教会・修道院も同聖人に捧げられている。

二〇一三年に着座したローマ教皇フランシスコの名は、この聖人に由来する。教皇としてはじめての選択であり、貧しい人とともに生きる決意を表名したものとして話題になった。

コラム〈動物の祝福をする日〉

右に挙げた聖フランシスコの日以外では、同じく動物の守護聖人であるエジプトの聖アントニオ修道院長（三五六年没）の祝日、一月十七日がその日。スペインの多くの教会、またバチカンのサン・ピエトロ大聖堂でもこの日に動物の祝福を行なう。狩人の猟犬や鷹匠の鷹が祝福されるのは、十一月三日、狩人の守護聖人リエージュの聖ユベール（七二七年没、表記はほかにフーベルトゥス、フーベルト、ヒューバートなど）の日である。とくにベルギーとその周辺、また北米でもこの日にハンターの祭りが行なわれることがある。ちなみに、聖ユベール病とは狂犬病の別名。

◆スウェーデンの聖ビルギッタの日（10月8日）

Saint Bridget (Birgitta) of Sweden　希正×　露正×　RC△　聖公×　ルタ△　プロ×

スウェーデンの守護者となっている聖女を記念する日。Bridget はケルト神話の火の女神の名前で、「力強い」の意をもち、表記にはブリギッタ、ブリギッテ、ブリジット、ブリジェット、ブリヂッタ、彼濟大、畢哲などがある。アイルランドの守護聖女（五二三年頃没）の名としても有名だ。Birgitta はそのスカンジナヴィア系である。

一三〇三年頃、スウェーデンの貴族の娘としてウプサラに生まれた。幼い頃から、宗教的な幻（十字架にかかるイエス像など）を見る体験をする。修道院入りを望んだが、十三歳で結婚して八人の子どもをもうけ、宮廷では王妃の女官を務めた。スペインのサンティアゴ・デ・コンポステーラ（↓使徒聖ヤコブの日　7月25日）に夫婦で巡礼に出たが、夫はその帰途に病を得て亡くなった。修道生活に入り、祈りの日々を過ごすうち、神の啓示を受ける。一三四六年に救い主修道会（ビルギッタ会）を設立。一三五〇年に修道院の新しい会則を考案するためローマに行き、当地を拠点にしばしば巡礼の旅に出た。一三七三年に生涯を終えると、後半生をともにした娘のカリン（カタリナ）によって遺体がスウェーデンの自らが創設した修道院に運ばれた。その棺桶に触れた者に、さまざまな奇跡が起こったといわれる。

一三九一年に列聖され、命日ではなく列聖の日である十月八日がビルギッタの祝日となった。現在の教会で祝う日は七月二十三日に移動しているが、ビルギッタの日の頃、十月初旬に訪れる小春日和の日をスウェーデンではブリットソンマール（brittsommar）という。語源には諸説があるが、ビルギッタの名前と関連づけて考える人が多い。

一四九二年にビルギッタの啓示は出版され、中世を通じてよく知られたものになった。娘のカリン（一三八一年没）も一四八二年に列聖されたので、母娘二代の聖女ということになる。絵画では、白い頭巾をかぶった修道女として描かれる。

スウェーデンほか、未亡人の守護聖人。一九九九年には、教皇ヨハネ・パウロ二世によってヨーロッパの守護聖人のひとりに加えられた。

◆福音記者・聖ルカの日（10月18日） Saint Luke, Evangelist

希正○　露正○　ＲＣ○　聖公○　ルタ○　プロ×　〈黄金〉

全能の神よ、あなたはみ子により医者ルカを召して福音記者とし、その伝えた福音のうちに、主の愛といやしのみ業《わざ》を証《あかし》させられました。（日本聖公会祈祷書）

新約聖書の『ルカによる福音書』と『使徒言行録』を著した医師ルカを記念する祝日。その名はギリシャ語で「バシリカータ地方の人」の意で、ルーク、ルーカス、リュック、路加《ルカ》などの表記がある。東京・築地にある聖路加国際病院は、彼の名前にちなんだものだ。

ルカは高い教育を受けたギリシャ人で、アンティオキアでイエスの教えを受け入れた。パウロが『コロサイの信徒への手紙』に書いた「愛する医者ルカ」（四・14）、そして『コリントの信徒への手紙二』における「福音のことで至るところの教会で評判の高い」（八・18）兄弟と同一視されている。『使徒言行録』第十六章十節以下にある「わたしたち」という記述から判断すると、ルカはパウロの第二回および第三回の伝道旅行にもつき従い、終生パウロのよき伴侶となった。七十二徒（ルカ十・1）の一員であり、復活したイエスをクレオパとともにエマオで目撃した弟子（ルカ二十四・13―35）もルカだったとする説がある。晩年について確実なことは知られていないが、独身のまま八十四歳で亡くなったという。六世紀以降には、ルカが画家として聖母マリアをはじめて絵に描いた、という言い伝えも生まれた。このため、彼は医師のほか、芸術家や画家の守護聖人となっている。絵画では、翼をもった牛を従え、本や絵筆を手にしている姿で描かれる。ほかに彫刻家、ステンドグラス職人、製本業者、酒造家、肉屋、ガラス職人、金細工職人、レース職人、公証人、独身者の守護者。

◆使徒聖シモン・使徒聖ユダの日（10月28日）Saints Simon and Jude, Apostles

希正○　露正○　RC○　聖公○　ルタ○　プロ×　〈黄金〉

シモンとユダ、二名の十二使徒を記念する祝日。シモンはヘブライ語ではシメオンとなり、ギリシャ語に音訳した形がシモンである。「（神は）聞かれた」の意味をもつ。サイモン、ジーモン、シモーネ、西門、賽門、西満、西蒙といった表記がある。シモーヌは女性形。ユダはヘブライ語で「神に導かれた」の意で、ジュード、ジューダス、ユーダス、ジュダ、イウダ、猶太、猶大、猶達、達徳とも表記する。

シモンという名は聖書に何人も登場するのでまぎらわしいが、このシモンは「熱心党（ゼロテ党）のシモン」のこと。エジプトとメソポタミアで神の教えを伝え、ペルシャで殉教したといわれる。

ユダという名もシモン同様、聖書に多数登場するが、このユダはもちろんイエスを売り渡したイスカリオテのユダ（Judas Iscariot）ではない。ルカ伝や『使徒言行録』における使徒たちのリストでは「ヤコブの子ユダ」と書かれており、マルコ伝やマタイ伝にあるタダイとも同一視されている。そのため聖ユダ・タダイ（St. Jude Thaddaeus）とも書かれる。マタイ伝の説明によると、アルファイの子である小ヤコブのきょうだいで、マリアとヨセフの甥、すなわちイエスの親戚に当たることになる。タダイはタディアス、タデウス、タデー、タッデオとも表記する。

シモンとともにペルシャを伝道し、その地で殉教したとされる。新約聖書の『ユダの手紙』は「イエス・キリストの僕《しもべ》で、ヤコブの兄弟であるユダ」の著作という体裁になっているが、それが事実かどうか研究者の意見は分かれている。

シモンはのこぎりを使う職人、木挽、皮なめし職人の守護聖人。魚や船、魚をつく銛《もり》、オールやのこぎりがアトリビュート。ユダは病院や医療従事者の守護者。とりわけ、敗者や絶望的な状況にある人びとを力づけてくれる。二〇一三年のこの日にヨーロッパ北部を襲った記録的暴風雨は、英国ではユダにちなんで「聖ジュード嵐」、スウェーデンではシモンから「シモーネ嵐」と命名された。

ふたりは西方では同日に祝われているが、東方では五月十日を聖使徒シモン・ジロト、六月十九日を聖使徒主の義兄ユダの日として別々に記念している。

◆宗教改革記念日（10月31日、または直前・直後の日曜日）Reformation Day

希正×　露正×　RC×　聖公△　ルタ◎　プロ○

十六世紀初頭、ルターによって宗教改革が始まったことを記念する日。

中世以降、しだいに広がっていたローマ・カトリック教会内部の腐敗は、十六世紀初頭にはかなり深刻なものになっていた。なかでも教会の堕落を端的に示したのは、サン・ピエトロ大聖堂の改修工事の財源として認可された贖宥状《しょくゆう》（免罪符）の発行である。この乱発を憂えて、ドイツのアウグスティヌス修道会の司祭でヴィッテンベルク大学の神学教授だったマルティン・ルター（一四八三―一五四六）が、一五一七年の諸聖人の日の前日（十月三十一日）、「九十五箇条の提題」という文書をヴィッテンベルク城教会の扉に掲示した。世にいう宗教改革運動の始まりである。これをきっかけに、ローマ・カトリック教会を離れて、現在「プロテスタント」と総括される諸派が誕生することになった。

一六六七年、ザクセン選帝侯ヨハン・ゲオルク二世がこの日を宗教改革を記念する日と定めた。徐々にドイツやルター派の枠を超えて世界各地に広まっていき、現在、多くのプロテスタント教会が十月三十一日に近い日曜日を「宗教改革主日(Reformation Sunday)」として守っている。また、イングランド聖公会では二〇〇〇年祈禱書において、この日をマルティン・ルターの記念日としている（ルター派教会におけるルターの記念日は、命日の二月十八日）。

スロヴェニアでは法定休日。ドイツでは、ブランデンブルク、メクレンブルク・フォルポンメルン、ザクセン、ザクセン・アンハルト、チューリンゲンといったプロテスタント勢力の強い州のみが祝日としている。

近年プロテスタント信者が増加しつつある南米チリでは、二〇〇八年から Día Nacional de las Iglesias Evangélicas y Protestantes（英語で National Day of the Evangelical and Protestant Churches／プロテスタント教会の日）という名称で休日となった。

◆ハロウィーン（10月31日）Halloween

希正× 露正× RC× 聖公× ルタ× プロ×

ハロウィーン（ハロウィン）はキリスト教会の暦には入っていないが、北米や英語圏を中心とした地域の子どもたちに人気の高い記念日だ。

英語のHallow-e'enはAll-Hallow-Even（All Hallows' Eve）の短縮形で、ハロウ(hallow）は聖人を指す。従って、「諸聖人の前夜」という意味になる。**諸聖人の日**（→11月1日）は現在ではAll Saints' Dayと呼ばれているが、これは十六世紀の後半からで、古くはHallowmasとかAll Hallowsなどといっていた。

もともとは、アイルランドやスコットランドに住んでいたケルト民族の信仰、ドルイド教にその起源がある。ドルイド教の暦で十一月一日はサムハイン祭（夏の終わりの意）、すなわち新年の始まりであり、前日の十月三十一日はいわば大晦日に当たった。サムハイン祭の日には神々の世界が人間に見えるとされ、神々が人間にさまざまな悪戯を仕掛けると考えられていた。その前夜に先祖の霊は地上に戻り、魔女や悪霊の力が最大になる。跳梁跋扈《ちょうりょうばっこ》する魔物を寄せつけないため、丘には巨大なかがり火が焚かれた。古来の収穫祭と先祖崇拝、近づく冬と暗闇への畏怖などが入り交じった異教の風習に、キリスト教が諸聖人の日の前夜祭を重ねることによって、しだいに世俗的な祭りに変質していく。

ハロウィーンの夜には目に見えない超自然的な力が増大するので、未来の運勢、とくに結婚相手を占うのに適した日とされている。「トリック・オア・トリート（お菓子をくれないといたずらするよ）！」のかけ声とともに、魔女や幽霊などに仮装した子どもたちが家々の戸口に立つ姿は、現在のアメリカでよく知られた光景だ。これはもともと、十九世紀後半のアイルランドで若者たちが集団で行なった悪ふざけに由来するという。移民がこれを大陸に伝え、現在見るような子どもの行事になったものだ。いまでは、アメリカから逆輸入されて、英国でもアメリカンスタイルのハロウィーンを祝う人びとが増えてきた。

古くからハロウィーンに結びついた食べ物としては、リンゴやナッツが挙げられる。食べる以外にもゲームや占いに使われた。ハロウィーンのシンボルであるランタン（灯籠）として、スコットランドではカブを用いたが、アメリカでは黄色いパンプキンで代用され、今ではすっかりパンプキンがハロウィーンのイメージを形成している。こうした野菜のなかに、古代の収穫祭の名残を見る人もいる。

キリスト教会のハロウィーンに対する態度は、どちらかというと否定的だ。異教的な風習や幽霊などの仮装が子どもに悪影響を与えるものとして、はっきりと禁じる教会もある。いっぽう、教会が運営に関わる幼稚園や学校などで楽しくこの行事を祝うケースもあるので、地域によって事情は様々である。一部の人にとっては、この日は司祭の墓地訪問に備えてお墓を掃除に行く日となっている。

アイルランドでは十月の最終月曜日の銀行休日（October Bank Holiday）がハロウィーン・ホリデーと呼ばれている。

十一月 November

St. Martin of Tours

さい。

全能の神。あなたは信じる者を主キリストのからだ、唯一の聖なる教会に結び合わされました。恵みを注いで、私たちを聖徒たちの信仰と献身の生涯に倣《なら》わせてください。

（ルーテル教会式文　特別の祈り）

◆諸聖人の日（11月1日、または直後の主日）All Saints' Day　〈黄金〉

希正×　露正×　RC◎　聖公◎　ルタ○　プロ×

西方の教会で、有名無名を問わずすべての聖人、そして、天国で神のもとにいるすべての人を記念する祭日。聖公会では**諸聖徒日**、ルーテル教会では**全聖徒の日**、一般には**万聖節《ばんせい》**ともいう。中華圏の表現は諸聖節とか諸聖日。ローマ・カトリック圏で、通常の聖人暦に載っていない（変わった）クリスチャン・ネームをもつ者は、この日を自分の**霊名祝日《れいめい》**（聖名《せいな》祝日／二九〇頁）とすることになっている。

英語では古くはAllhallowmasとか（All）Hallowmas、All Hallows、All Hallow's Dayといい、All Saints' Dayという表現になったのは十六世紀の後半である。

初代教会の時代には、名もない多くの人びとが殉教していった。これらの人びと（聖人）を記憶するため、五世紀のシリアではイースター直後の金曜日、またペンテコステの一週間後に全殉教者のための礼拝が行なわれた。東方教会では、現在でも後者のしきたりを踏襲して、五旬祭（ペンテコステ）後の第一日曜日を衆聖人の主日として守っている。

いっぽう、西方では七世紀初頭にローマで五月十三日を殉教者、諸聖人、聖母の記念日とするようになり、これが八三五年、教皇グレゴリオ四世の時代に十一月一日に移動した。以来、西方では一般に、十一月を死者のための月（逝去月）と位置づけている。

諸聖人と、翌日の死者の日はいわば日本のお盆に相当する日で、カトリック墓地ではミサや祈禱が捧げられ、人びとは花やロウソク（カンテラ）を手に、お墓参りに出かける。なかにはフィリピンのように、一族が前夜から墓地に集まり飲み食いし、先祖を偲んで夜明かしする慣習の地域もある。その様子は、日本の沖縄で旧暦三月に行なわれる先祖供養のための清明祭《シーミー》とよく似ている（沖縄のほうは、もちろんキリスト教とのつながりはない）。

多くのカトリック諸国では法定休日となっており、諸聖人の日のある週は、学校が一週間休みになる地域もある。アフリカ大陸ではブルンジで公休日。コロンビアでは直後の月曜に振替、スウェーデンやフィンランドでは十月三十日直後の土曜日を諸聖人の日としている。

プロテスタントではこの日を聖徒の日（全聖徒の日）ともいい、多くの教会では十一月の第一日曜日に永眠者（召天者）記念の礼拝を行なう。教会墓地を墓参に訪れたり、納骨堂で短い祈りをする教会もある。

なお、一五六九年に長崎で最初に建てられた教会堂トードス・オス・サントスはポルトガル語で「諸聖人」の意味。内装に人骨を使用していることで知られるチェコのセドレツ納骨堂（四万人以上を収容）の上に建てられた教会も、諸聖人に捧げられている。

◆死者の日（11月2日） All Souls' Day; Commemoration of the Faithful Departed

希正×　露正×　RC◎　聖公○　ルタ△　プロ×　〈黄金〉

主にローマ・カトリック圏において、亡くなったすべてのキリスト者のためにミサを捧げる日。諸聖人の日と異なるのは、あちらがすでに天国にいる信仰の先達を記念するのに対し、こちらはまだ天国に至っていない、つまり煉獄《れんごく》にいる（かもしれない）死者の魂のために祈る日であることだ。死者は天国に行く前に煉獄で霊魂の浄化を待つ、そのために生者は死者のために祈るという観念は、ローマ・カトリック教会（および、聖公会の一部）に特有のものである。従って、この日はとくに祝日とせず、前日の**諸聖人の日**にすべての死者を記念するプロテスタント教会もある。

もともとは、イースター前日の聖土曜日がこれら死者のために当てられていたが、九九八年、フランスのベネディクト会修道院で十一月二日を諸死者の記念日としてミサが捧げられた。これがやがてローマの典礼にとり入れられたものである。死者の日は祭日ではないが、主日と重なった場合はそれに優先して祝われる。かつて司祭はこの日に三回ミサを立てることが許されていた。現在のカトリック教会では、典礼色として黒を使用することのできる唯一の日である。旧くは奉教諸死者の紀念、中華圏では諸靈日とか悼亡節、追思亡者節、追思已亡諸信者日などと表現する。

キリスト教以前の時代からつづく俗信では、この日には先祖の魂がなつかしい我が家に帰ってくると考えられている。墓参することはもちろん、先祖のために食べ物をテーブルに残したり、部屋を暖めておいたり、墓石に聖水やミルクを注ぐ地方もある。大陸では、宗教改革後もこの日に死者を記念するしきたりがつづいているプロテスタント教会がある。イングランド聖公会では、長くこの日を公式に記念することはなかったが、一九二八年版祈禱書で復活し、二〇〇〇年版の暦にも入っている。日本聖公会では諸魂日《しょこんび》といい、この日にレクイエムを奉唱して、死者のために祈る教会もある。一般には、万霊節《ばんれいせつ》とも訳される。

ブラジル、エクアドル、ボリビア、エルサルバドル、メキシコ、ハイチ、グァム、アンゴラなどでは法定休日。サンマリノでは、戦没者を追悼する公休日となっている。メキシコでは、一日と二日を死者の日として国を挙げての祭りが行なわれるが、これにはキリスト教受容以前からあった伝統的な祭りと、アメリカ風ハロウィーンの影響が色濃く感じられる。人びとは死者のために黄色いマリーゴールドの花や供物を飾った祭壇をつくり、街にはユーモラスなガイコツのグッズがあふれる。また、グアテマラでは、墓地から悪霊を追い払うための凧あげ祭を行なう町もある。

◆ラテラン教会の献堂日（11月9日） Dedication of Saint John Lateran

希正×　露正×　ＲＣ◎　聖公×　ルタ×　プロ×

キリスト教の「母教会」の献堂を祝う、ローマ・カトリック教会の祝日。

カトリックの総本山としてはバチカン市国のサン・ピエトロ大聖堂がよく知られているが、世界でもっとも歴史の古い教会、そしてローマの司教座聖堂であるのがこの

「ラテラン教会」ことサン・ジョヴァンニ・イン・ラテラノ聖堂である。元来は贖《あがな》い主（イエス・キリスト）に献堂されたが、教皇セルジオ三世（在位九〇四―九一一）の時代に洗礼者ヨハネ（↓6月24日／8月29日）および使徒ヨハネ（↓12月27日）に捧げられたため、この名となった。この聖堂の壁には、「全世界のすべての聖堂の母と頭」という文字が記されている。

もともと当地にはラテラーニ一族の所有する宮殿があり、コンスタンチヌス大帝が妻を通じて手に入れたあと、三一一年にローマ教皇に寄贈した。ここで同大帝が三二四年に教皇シルヴェストロ一世（↓12月31日）から洗礼を受けたという伝承があるが、事実ではない。聖堂建立時から一三〇九年のアヴィニョン幽囚までは、歴代教皇の公邸となった。十二世紀末から十三世紀の教皇インノチェンツィオ三世は、アッシジのフランシスコ（↓10月4日）が倒れかかったこの聖堂を支えている夢を見て、彼こそ教会を救う者だと悟ったといわれる。

十二世紀から十六世紀まで五回にわたって公会議が開かれ、一九二九年に教皇庁とイタリアとの間で結ばれた「ラテラノ協定」にもその名を残している。現在の聖堂は十六世紀以降の建築である。

十二世紀以降、ラテラン教会の献堂記念日はローマのローカルな祝日にすぎなかったが、のちに全世界のローマ・カトリック教会で守られるようになった。

◆聖マルチノの日（11月11日）Saint Martin of Tours

希正○　露正○　RC○　聖公○　ルタ△　プロ×　〈黄金〉

西方教会においてはじめて修道院制度を確立したトゥール（ツール）の司教マルチノを記念する日。殉教者でない人間が教会から聖人として認められたのは、彼がはじめてである。その名はマルコ（→4月25日）と同様に軍神マルスから派生したもので、マーティン、マルティーン、マルティーノ、マルティノ、マルティン、マルティヌス、マルチン、瑪爾定とも表記する。マルチナは女性形。

三一六年頃、現在のハンガリーに異教徒として生まれ、十歳のときにキリストの教えを受け入れた。ローマ帝国の軍人だった父の希望に従って軍隊に入り、騎兵としてゴール地方（フランス）で軍務に就くが、クリスチャンとして戦うことは許されない、とユリアヌス皇帝に除隊を申し出た。そのため臆病者として一時は投獄されるが、のちに軍隊を退くことを許された。

マルチノはその後ヒラリオ司教（のちに聖人）の指導の下、フランスのポアティエで修道者の生活を送る。また、ハンガリー、クロアチア、バルカン半島、イタリアなどに伝道に赴き、福音を伝えた。ガリア地方最初の修道院をリギュジェの町に設立、三七一年頃にトゥールの司教に任命された。三九七年十一月八日にトゥールで亡くなり、十一日に遺言に従って貧者用墓地に埋葬された。聖遺物はトゥールの聖堂に安置され巡礼者が絶えなかったが、一五六二年にプロテスタントの襲撃により破壊されたという。「フランス国家の祖父」とも呼ばれ、フランスでとくに敬愛されている。

聖マルチノにはよく知られた伝説がある。軍人時代、ある冬の日に馬に乗って出かけたところ、ひとりの半裸の物乞いに会った。ほかに何も与えるものがなかったため、彼は羽織っていたマントを半分に切って物乞いに差し出した。その晩、彼はその半分のマントを身につけた主イエスの夢を見た。これが、彼が軍隊を退くきっかけになったといわれる。

フランス、ドイツ、馬や馬に乗る者、兵士、仕立屋、毛織物職人、物乞い、宿屋やホテル経営者、ワイン製造や小売りに関わる者の守護聖人。嵐や貧困、アルコールの害を避けたいときにもこの聖人に祈る（「聖マルチノ病」といえば、酩酊を指す）。

非常に人気のある聖人のひとり。欧州では農耕に関連して重要な節目となる時期にあたり、収穫祭を催したり、その年のブドウで作った新しいワインを飲んだり、冬に向けて屠畜したりする。かつてはこの頃に市が開かれ、農業労働者が次の働き先を探した。聖マルチノがトゥール司教に就任するのを避けて姿を隠したところを、ガチョウの鳴き声で居所を見つけられたという故事にちなんで、多くの地域でこの日にガチョウを食べる慣習がある。オランダやドイツなどでは、かがり火を焚いたり、子どもたちが紙のランタンを手に聖マルチノの歌をうたいながら通りを練り歩く。

この日はMartinmasともいい、スコットランドではこの日が四季支払日となっており、一九九〇年の法律で名称は同じまま日付だけ二十八日に変更された。

英語でいう聖マルチノの夏（St. Martin's summer）は、日本の小春日和に相当し、冬に向かう時期にふいに季節が逆戻りした暖かい日をいう。「聖マルチノの夏は三日と少しつづく」「聖マルチノの日に冬が歩み始める。腕にマフを、手に手袋を」（フランス）、また「この日が雪ならクリスマスには雪は降らない」（スウェーデン）といったことわざもある。

スイスのルツェルン州、およびこの聖人の名前を冠したカリブ海のセントマーティン島では法定休日。ドイツの宗教改革者ルターは、誕生の翌日に当たるこの日に洗礼を受けて聖マルチノ（マルティン）の名が与えられた。なお、十一月十一日は一九一八年に第一次大戦が休戦した日であり、そのことを記念してフランス、ベルギー、そしてカナダの一部の州では法定休日。ヨーロッパ諸国の教会では、この日に一番近い日曜日もしくは十一月の第二日曜に、すべての戦没者を記念した追悼礼拝が行なわれる。ポーランドでは独立記念日、アメリカでは復員軍人の日。

東方教会では一日遅い十一月十二日をマルチノの祝日としている。

◆聖マリアの奉献日／生神女進堂祭《しょうしんじょしんどうさい》（11月21日）The Presentation of the Blessed Virgin Mary; The Entrance of the Theotokos into the Temple; The Entry of the Most-Holy Theotokos into the Temple　　希正◎　露正◎　RC○　聖公×　ルタ×　プロ×

ローマ・カトリック教会では、聖母マリアが三歳でエルサレムの神殿に奉献され、一生を神に捧げたことを記念する日。東方正教会では、同じ時にマリアが通常では女性の立ち入れない至聖所まで入ったことを記念して、**生神女進堂祭**と呼んでいる。中華圏では獻聖母於聖殿とか、聖母進殿節、聖母進堂節ともいう。

聖書の外典に由来する記念日のひとつで、『ヤコブ原福音書』に記述がある。それによると、高齢になるまで子宝に恵まれなかったマリアの両親（↓聖ヨアキムと聖アンナの日　7月26日）は、ひとり娘のマリアが三歳になったとき、「子を授かったら神に捧げる」という約束を果たすために、マリアを神殿に連れていく。そして、マリアはのちに洗礼者ヨハネの父となる祭司ザカリアに迎えられ、十五段の階段を昇って神殿の至聖所に入り、十二歳になるまで天使に養われて成長したことになっている。

其殿《そのでん》に入《はい》るを以《も》って神は一切を聖にし、蹟《つまず》きたる人々の性《せい》を神成《しんせい》し給《たま》えり

（祭日経　生神女進堂祭　晩課讃頌　日本ハリストス正教会訳）

正教会のイコンでは、この場面はロウソクを手にした幼いマリアが、両親との別離を悲しむことなく、階段の上で至聖所の方を見据えている姿、あるいは、神殿で生活する間に天使から糧を受けとる様子が描かれる。

エルサレムの神殿近くで「新しい聖マリア」と呼ばれる聖堂の献堂式が五四三年のこの日に行なわれたことを記念して、マリアの奉献がこの日に祝われるようになった。東方では七世紀に祝日となり、十二大祭のひとつとして祝う。

この祭日を境に、正教会では「降誕祭のカノン」がうたわれ、降誕祭（↓12月25日）と神現祭（↓1月6日）という「神の現れ」を体験する大祭を迎える準備に入る。

◆王であるキリストの主日（アドベント直前の日曜日）Christ the King

◆かき混ぜの主日（アドベント直前の日曜日）Stir-up Sunday

希正×　露正×　RC○　聖公△　ルタ△　プロ△

西方の教会暦がアドベント第一主日からスタートすることは冒頭に触れた。その直前の日曜日、すなわち年間最後の主日となる日を、ローマ・カトリック教会では「王であるキリスト」を記念する祭日としている。イエス・キリストが宇宙を含む万物を支配していることを祝う日で、一部の聖公会やルター派教会、長老派やメソジストなどでも、この日を同じ趣旨で記念している。中華圏では基督君（王）主日ともいう。

この祭日の制定はごく新しく、一九二五年に教皇ピオ十一世が定めたもの。当時、第一次大戦やロシア革命といった出来事のあと、社会の世俗化が急速に進んでいた。民衆が神から離れ、社会が悪い方向に向かっていることを憂えた教皇が、万代の王、社会の王、信者の王たるキリストの地位の確認を願ってもうけられたものだ。当初は十月最後の主日に置かれていたが、一九六〇年代の典礼刷新後に現在の日付に移動した。早い年で十一月の二十日、遅い年で二十七日にやってくる。

「Christ the King」の名が冠された聖堂のひとつに、ローマ・カトリックの英国リヴァプール教区大聖堂（一九六七年献堂）がある。同大聖堂はモダンな形状で知られるが、その名称によっても新しい時代を具現した建物といえる。

この日はまた、英国でかき混ぜの主日とも呼ばれている。クリスマスに先立つ日曜日から五週間さかのぼったこの日（降臨節前主日）、イングランド聖公会の礼拝で読みあげられる特禱（管区の全教会が捧げる共通の祈り）が「主よ。願くは御民《みたみ》の心を励まし……（Stir up, we beseech thee, O Lord)」の句で始まっていたことから、「スターアップ・サンデー」と呼ばれたもの。「スターアップ」には人を励ますことと、何かをかき混ぜるという二重の意味があることにひっかけて、十九世紀以降、この日はクリスマス・プディングの準備を始める日とされるようになった。

英国ではクリスマス・プディングをつくるとき、家中の者が願いごとをしながら順番にたねをかき混ぜる、という風習がある。このお菓子は日持ちがするので、早々に用意して寝かせておく家庭が多く、それをスタートする日がこの「かき混ぜの主日」というわけだ。

同じ英語圏の聖公会でも、米国聖公会は現在「スターアップ」の特禱をアドベント第三主日に組み入れている。この日曜日はクリスマスの二週間から一週間前ということになるので、プディング準備にはやや遅いかもしれない。イングランド聖公会は二〇〇〇年から祈禱書を切り替えたが、スターアップで始まる祈りは、同じアドベント直前の主日の祈禱として現在も受け継がれている。

なお、ドイツのルター派教会ではこの日を「死者の日曜日」もしくは「永遠の日曜日」と称し、永眠者を記念する礼拝を行なっている。

◆使徒聖アンデレの日（11月30日）Saint Andrew, Apostle and Martyr

希正○　露正○　RC○　聖公○　ルタ○　プロ×　〈黄金〉

全能の神よ、あなたは使徒聖アンデレに、み子イエス・キリストの召しに直ちに従い、また兄弟をみもとに伴う恵みを与えられました。（日本聖公会祈祷書）

十二使徒のひとりで、シモン・ペトロ（↓6月29日）のきょうだいであるアンデレを記念する祝日。その名はギリシャ語で「男らしい」との意味をもち、アンドリュー、アンドレアス、アンドレ、アンドレア、アンドレース、アンドレイ、アンダース、安得烈、安徳烈、安徳肋とも書く。

小アジアやギリシャに伝道し、アカイアで十字架刑に処せられたと伝えられる。十世紀に、この十字架がX字形だったという伝承が生まれ、X字形十字を聖アンデレ十字（St. Andrew's cross）と呼ぶようになった。とくに青地に白の十字は、アンデレを守護聖人とするスコットランドの旗章となっている（一三八五年制定）。

ヨハネ伝第一章によると、アンデレはきょうだいのペトロをイエスのもとに連れていった。つまり、アンデレはペトロより一足早く、イエスを師と仰いでいるのである。そのため、その土地で一番最初に建立された教会に、一番最初の使徒を記念して「聖アンデレ」の名前をつける例もある。

ゴルフ場で有名なスコットランドのセント・アンドルーズ（聖アンデレ）は、四世紀に当地にアンデレの聖遺物をもたらした聖人レグルスが築いた町だ。また、スコットランドには、戦いの前の祈りのときにX字形十字の形の雲を見た国王が、勝利を収めたのちに聖アンデレを自分の領土の守護聖人としたという話も伝わっている。この日、スコットランドでは国花であるあざみをボタンの穴につける人もいる。

そのほか、ギリシャ、ロシア、フランスのブルゴーニュ地方、キプロス、ウクライナ、ブルガリア、ルーマニアの守護聖人。スコットランドでは銀行休日（二〇〇七年制定）、ルーマニアでも法定休日。東方教会では、五月十二日と十二月十三日を祝日としており、グルジアでは前者の日が公休日となっている。独身女性、子宝を望む女性、歌手、釣り人、漁業従事者や商人を守り、通風や喉の痛みのときに頼りにされる。魚や網、X字形の十字架がアトリビュート。

彼を守護聖人と仰ぎ、その聖遺物を納めた墓があるイタリアのアマルフィでは、六月二十七日に祭が行なわれる。これは、一五四四年のこの日に海賊の攻撃を受けた際、嵐が起こって街が守られたことを、守護聖人アンデレの奇跡として毎年記念するものだ。聖人像が街をパレードしたあと、海辺で船上の船員たちが祝福される。

結婚にまつわる俗信もある。あるドイツの言い伝えでは、結婚したい女性はアンデレの日の前夜に聖人の助けを祈り、何も着ないで寝ると、未来の夫の夢を見るという。また、未婚の女性はアンデレの日の前夜に、吠える犬の位置を書き留めておくと、その方角から未来の夫がやってくる、という話もある。

かつては、この日からアドベントに入ると考える地域もあった。

コラム〈聖名《せいな》祝日〉

我が名の依《よ》る所の聖人を呼《よび》祈るの文
聖にして神に喜ばるる（某《それがし》）や　我が為に神に祈り給へ
我熱心にして爾《なんぢ》速《すみや》かに助《たすく》る者
我が霊《たましひ》の為に禱《いの》る者に趨《はし》り附けばなり　（小祈禱書　日本ハリストス正教会）

ギリシャやロシアなどの正教圏、またポーランドやフランス、イタリア、スペインなどのローマ・カトリック圏、および北欧諸国では、「名の日」（Name-Day 正教会の用語で聖名日または聖名祝日、カトリックでは霊名《れいめい》祝日／霊名の日という）の祝いが盛んに行なわれている。誕生日よりも盛大に、その人が名前をもらった聖人の記念日を祝うのである。毎日、その日の聖人の名を読みあげるテレビ番組を放映している国もある。

カトリックの作曲家たちには、家族や友人の霊名祝日のために作品を書いたり、君主や有力者の霊名祝日を祝う席で演奏を披露した例も多い。たとえば、モーツァルトは姉ナンネルの霊名祝日のためにディヴェルティメント第十一番ニ長調を作曲したといわれている。ロシアのチェーホフの戯曲『三人姉妹』は、姉妹のひとりイリーナの「名の日」の祝いの場面で始まる。お祝いをするのはクリスマスとイースター、それに家族の「聖名祝日」だけ、という家庭もある。ただし、レントの期間中には聖名の祝いは控えるものとされている。

教会においても、その地域を管轄する主教（司教）や司祭の名の日に、特別な礼拝を捧げることがある。たとえば、ロシア正教会のキリル総主教の「聖名祝日」である五月二十四日にはロシア系の多くの正教会で記念礼拝が行なわれ、総主教自らが司式する祈禱の光景はニュースでも報道されるほどだ。東方教会のトップ聖職者の「名の日」は、祝福の書簡の交換や特別の表敬行事が行なわれるなどして、友好関係の確認をする機会となっている。

コラム〈ひと昔前のスウェーデンの子どもの暮らし〉

北欧の女性作家リンドグレーンの作品に、スウェーデンの子どもたちの暮らしをつづった「やかまし村」や「おもしろ荘」のシリーズがある。そこに描かれた情景をひろってみよう。

クリスマス

子どもたちがショウガ入りクッキーを焼くことから、クリスマスの準備が始まる。村人たちは森に出かけて、ツリーにするモミの木を切ってくる。エサに飢えている小鳥たちのためには、「クリスマスのムギ束」をリンゴの木にとりつける。イヴの日までに料理は準備され、家の中はきれいに整えられ、装飾される。手作りで用意するものとしては、特製のハムにソーセージ、ヘッドチーズ、スペアリブのレバーペースト添え、ニシンのサラダ、肉だんご、塩漬けの肉や魚、お米のプディング、ライ麦パン、麦芽入りパン、サフラン・パン、ネズの実のジュース、シナモン・クッキー、アーモンド菓子、オートミール・ビスケット、タフィー、ねじりドーナツなど。コーヒーも入れる。

子どもたちは、きらきら光る色紙を使って、ツリーに飾る「かご」をつくる。イヴの午後、子どもたちはひとり暮らしの老女宅にごちそうのつまったバスケットをもっていく。うちに帰ると、ツリーの飾りつけだ。あたりが暗くなると、クリスマスの小人(ユールトムテ。北欧独特の小人の妖精)の扮装をして、プレゼントの包みをもち、隣家に届けに行く。夕食後、広間にあるツリーのロウソクに火がつけられ、父親が福音書からイエス降誕のくだりを読みあげる。子どもたちは詩を朗読したり、歌をうたったりする。それから、家族の間でプレゼントの交換。近くの屋敷からも人びとがやってきて、ツリーの周りを踊りまわる。

イヴのしきたりとして、大鍋をかこみパンをスープにひたして食べる慣習、また、「おかゆにアーモンドが入っていたら翌年結婚することになる」という俗信があることも紹介されている。

イースター

最初に紹介されるのは、復活祭直前の水曜日に紙の札をつくって、誰かの背中にこっそり貼りつけるという遊びだ。油断していると、おかしな文句が書かれた白い紙を背中につけられてしまう。翌聖木曜日には、子どもたちは女の子も男の子も「復活祭の魔女」に変装する。焚かれた落ち葉のまわりで、魔女たちは跳ねまわったり焚き火を飛び越えたりする。

生まれたてのひよこや、ラッパ水仙の絵柄のカードが親戚から送られてくる。復活祭の前日、子どもたちだけで「卵パーティ」を催す。特別なテーブルクロスやお皿、花も用意して、卵にカラフルな色を塗っていく。その後、卵料理をお腹いっぱい食べた後、母親が室内に隠しておいた「お菓子入りの復活祭の卵」を探してまわる。なかにはアーモンド菓子でできたひよこが一羽と、キャンディが入っていた。復活祭前夜は子どもは夜更かししてもかまわない。皆でかくれんぼをして遊んだあと、祖父の部屋に行き、卵酒をつくる。祖父の子ども時代には、「お菓子入りの復活祭の卵」はもらわなかったという。

メーデー、ワルプルギス祝日（五月一日）の前夜祭

夕方にはお祭り広場で大きな焚き火のような五月火がともされる。町には賑やかな市がたち、火を囲んで人びとは歓声を上げたり、肩を抱き合ったり歌ったりして祝う。「おもしろ荘」では、毎年五月一日にはマヨネーズをかけた冷たいサケ料理を食べることになっている。当日の朝、母親は子どもたちのベッドまでココアをもっていく。

夏至祭

北欧の夏至は白夜の季節だ。村の人びとは、力を合わせて牧場に「夏至の柱（マイストング）」を立て、葉のついた枝やリラの花輪で飾る。そしてアコーディオンの音楽に合わせて、皆で柱の周りを踊ったり、別の遊びをしたりする。コーヒーや味つけパン、クッキーが振る舞われる。子どもたちは夜更かしを許され、「垣根を九つ乗り越えて九種類の花をつみ、それを枕の下に入れて寝ると、未来の夫の夢を見る」という俗信に基づいて、女の子たちは森へ花をつみにいく。

参考：アストリッド・リンドグレーン作『やかまし村の子どもたち』（一九四七）、『やかまし村の春・夏・秋・冬』（一九四九）、『やかまし村はいつもにぎやか』（一九五二）、『おもしろ荘の子どもたち』（一九六〇）、『川のほとりのおもしろ荘』（一九七六）（翻訳・岩波書店）より

コラム〈現代的な守護聖人は？〉（立項のある人物は＊印）

・宇宙飛行士　空中浮揚したといわれる十七世紀イタリアの修道士クパチーノのヨセフ（9／18）

・テレビに関わる人　聖フランシスコの傍らで修道生活を送ったアッシジのキアラ（8／11他）／大天使ガブリエル（9／29）／十六世紀ペルー生まれの混血のドミニコ会修道士マルチノ・ド・ポレス（11／3）

・車のドライバー　クリストフォルス*（7／25　とくにバスやトラック運転手）／夜

道に天使がランタンをもって付き添ったという伝説をもつ十五世紀の修道女、ローマのフランセス（3／9）／十六世紀のスペインに生まれ、メキシコに渡って道路を建設したアパリシオのセバスチャン（2／25）

・飛行機のパイロットや、客室乗務員　クパチーノのヨセフ（9／18）／幼いイエスの聖テレジア（10／1）／ロレートの聖母（12／10）

・写真家　ゴルゴタの丘に向かうイエスの汗を拭きとったとされるヴェロニカ（7／12）

・エイズ患者　ガン患者の守護者としても知られる十三―十四世紀イタリアの修道司祭ペリグリン・ラツィオーニ（5／1）／十六世紀のイタリアのイエズス会士アロイシアス・ゴンザーガ（6／21）／幼いイエスの聖テレジア（10／1）

・麻薬中毒者　日本の長崎で「聖母の騎士社」を創設し、アウシュビッツ収容所で亡くなったマキシミリアノ・コルベ神父（8／14）

・インターネット、コンピュータ・プログラマー　七世紀に世界最初のデータベースを作ったとされるセビリア司教のイシドロ（4／4）（五月十五日の聖イシドロとは別人）

付録

教会の暦と聖人　Q＆A

■宗教的に重要な祝祭日は？

重要な順に三つあげると、イースター、クリスマス、ペンテコステ。東方教会のイースターはとりわけ盛大だ。西方教会でもイースターをもっとも重視しているが、礼拝に参加する人は概してクリスマスのほうが多い。

■とくに「節目」となる祝祭日は？

一年の四つの節目には、重要な人物が記念されている。
冬至付近はクリスマス、イエス・キリストの誕生日。
春分の日付近は、マリアの受胎告知日。
夏至の日付近は、洗礼者聖ヨハネの誕生日。
秋分の日付近は、大天使聖ミカエルの日。

キリスト教ではないが、ドルイド教の大晦日がハロウィーンで、新年が諸聖人の日となる。

さらに、これらの中間に位置するのは以下の四日である。

二月二日の主の奉献（キャンドルマス）

五月一日のメーデー

八月一日の収穫感謝日（ラマス）

十月三十一日のハロウィーン

■信者が絶対に礼拝に出なくてはいけない日は？

組織ごとに基準は異なるが、ローマ・カトリック教会の例を挙げると、すべての主日（日曜日）と以下の十の祭日が「守るべき祝日」とされている（一九八三年制定教会法典　第一二四六条第一項）。

主の降誕／主の公現／主の昇天／キリストの聖体／神の母聖マリア／無原罪の聖マリア／聖母の被昇天／聖ヨセフ／使徒聖ペトロと聖パウロ／諸聖人

ただし右に挙げた十祭日は省略するか、主日に移動させることができるため、平日に守るべき祝日は地域によって幅がある。二〇一六年現在ですべてを守るべきとしている国はクロアチア、インドネシア、レバノン。もっとも少ないのはバチカン直轄の香港教区で、主の降誕の一日のみ。日本では主の降誕と神の母聖マリアの日（一月一日）の二日となっている。

■結婚式をしてはいけない時期は？

気をつけたいのは、イースター前の聖週間（とくに聖金曜日と聖土曜日）だ。イエスの喪に服すべき時期なので、祝いごとはしないのが常識。現在はかなり緩和されているが、西方教会ではかつてアドベントとレント中の結婚式は不可だったことは知っておきたい。※「レントに結婚した者は、悔やんで暮らす」ということわざもある。アドベントは、十一月三十日に近い日曜日から、十二月二十四日の夕刻まで。従って二十四日の夕刻以降の挙式は可能だが、この日は教会の牧師や神父ならば多忙なのがふつう。イースターの日付に連動するレントの日取りは年によって異なるので要注意。

※一例として一九一三年の英国カトリック年鑑に記された禁婚期間は、アドベント第一主日からエピファニーまで、および灰の水曜日から復活祭後第一主日まで。とくに禁じられた日は聖金曜日、復活主日、降誕日。

東方教会で一般に禁婚期とされているのは、まず年間の水・金・土曜日。イースター前後の九週間、つまり断肉の主日からイースター前日まで（大斎《おおものいみ》準備期間＋大斎期間）と、イースター当日からフォマの主日まで（光明週間）。さらに使徒聖ペトロ・使徒聖パウロの斎（聖使徒の斎／ペンテコステ後第一主日の翌日―二十八日）、生神女就寝祭の斎（八月一―十四日）、聖フィリップの斎（十一月十五日―十二月二十四日）と降誕祭期（十二月二十五日―一月七日）、洗礼者聖ヨハネ殉教祭の前日と当日（八月二十八―二十九日）、聖十字架挙栄祭当日（九月十四日）、ならびにすべての十二大祭の前日などが挙げられる。

■洗礼式が行なわれる時期は？

基本的にいつでも行なわれるが、イースターがもっともふさわしい日とされる。次がペンテコステ、クリスマスの順となる。

東方教会ではこのほか、イースター前日の土曜日、神現祭（主の洗礼祭）、聖枝祭（枝の主日）前日の土曜日にも行なわれる。

■お墓参りをする時期は？

カトリック教会では教会暦の最後の月に当たる十一月を「死者の月」とし、「死者の日」の前後に墓地を訪問する人が多い。またプロテスタントでも十一月の第一日曜日を召天者記念礼拝（永眠者記念礼拝）の日と定め、墓前でも礼拝（祈禱会、記念会）を行なう教会がある。墓前礼拝はほかにイースターの時期、また日本では地域の事情に合わせてお盆の時期（八月十五日前後の日曜日）に行なわれることもある。

正教会では、永眠した霊の安息のため復活祭の翌週に墓地祈禱を捧げる慣習がある。

■祝祭日は、定められた「その日」に祝わないと意味がない？

教会の祝祭日は、あくまで「記念すること」が主目的なので、必ずしも日付にはこだわらない。日曜日やレント（斎）の時期、また他の祝日が重なる場合には、重要度を示す等級に応じて日を移動する。また、同じ組織に属する教会すべてが、同じ暦日に祝うとも限らない。司祭不足の地域では、日をずらしてイースターやクリスマスを祝うことも実際に行なわれている。

■こうした暦は、どこの教会にいっても守られているの？

二十一世紀の現在、世界のすべてのキリスト教会で、聖人などの祝日が記念されているわけではない。

東方正教会、ローマ・カトリック教会、聖公会、ルター派教会、そして一部のメソジスト教会は伝統的に暦を重視し、暦に合わせて聖書の朗読箇所を選び、聖職者の祭服や教会の備品の色も変えている。ただ、教会によっては平日の記念日は簡略化している。

プロテスタント教会の多くは、イースター、クリスマス、ペンテコステを祝い、あとは宗教改革記念日や聖徒の日を記念する程度。なかには教会暦という考え方をまったく重視せず、こうした祝祭日を一切祝わない教会もある。

■とくに募金をつのっている時期は？

アドベント（クリスマス）とレントには、慈善の精神がとくに尊重される。レントの間、多くのクリスチャンは好きな食べ物や煙草などの嗜好品、娯楽費などを控えて、その分のお金を貧しい人のために献金する。

■日本では七五三なども教会で祝うというのは本当？

どこでも必ずというわけではないが、正教会、カトリック、プロテスタントを含む多くの日本の教会では伝統的な年中行事と関連した祝福式を行なっている。たとえば、成人の日前後には新成人の、敬老の日の前後には高齢者の、七五三の前後には子どものそれぞれ感謝祈禱や祝福式が行なわれる。

なお、元日の一月一日にも何らかのプログラムを持つ教会が多い。

■聖人を決めるのは誰？　その手順は？

初代から近世までの時代においては、民の声から自然発生的に認められたり、あるいはその地域の司教（主教）が独自に認定するというパターンがふつう。時代が下り、教会機構が整備されるに従って、一定のルールの下、教会が公的に宣言して認定するようになった。列聖の資格としては、特別の聖徳をもつこと、生涯における敬虔な行ない、殉教の死もしくは死後の奇跡が必要とされている。

ローマ・カトリック教会では、聖人の候補者は、まず「尊者《そんじゃ》」と呼ばれ、次に列福式を経て「福者《ふくしゃ》」となり、さらに列聖式を経て「聖人」となる。以下に、現代の列聖の手順を述べてみよう。まずは周囲がその人を聖人として認めてほしいと教皇庁列聖省に届け出る。列聖省は予備調査の上、列福調査開始の可否を判定。調査が始まると、その人物が主に生活していた場や亡くなった場所の教区司教が責任者となり、列聖省に書類を提出する。それを調査委員が吟味して、列福への歩みが確実と判断されたら、その人物の墓と遺体の調査にかかる。これが終わったときに「尊者」の称号が許される。

次に必要なのは、その人の取り次ぎによって引き起こされた「奇跡」の調査。列聖省ではその結果を「医学諮問会議」と「神学者査問会議」を経て、「枢機卿査問会議」にかける。その審議を通り、教皇が認可すると「福者」誕生が布告され、列福式が行なわれる。

福者から聖人になるためには、さらに奇跡がもうひとつ必要だ。晴れて奇跡が認定され、教皇が最終的に許可すると、列聖式を経て新たな聖人が誕生する。

地域ごとの自治独立を守る東方教会では、それぞれの教会の主教会議が聖人を認定している。たとえば、二〇〇〇年には、帝政ロシア最後の皇帝ニコライ二世の一家七人が、ロシア正教会主教会議によって聖人の列に加えられた。

ローマ教皇の支配から離れて以降のイングランド聖公会、およびそこから枝分かれした世界の聖公会では、新たな聖人の認定はない。

■列聖の最短記録は？

近世以前における列聖の最短記録保持者は、失せ物の守護聖人として知られるパドヴァの聖アントニオ（一一九五―一二三一、祝日六月十三日）だろう。死後わずか一年で聖人となった。

二十世紀以降の記録では、およそ九年という異例の速さで列聖されたローマ教皇ヨハネ・パウロ二世（在位一九七八―二〇〇五）。二〇一一年に福者に認定、二〇一三年には聖人認定を受けて、翌年列聖式が行なわれた。また、一九九七年に帰天した修道女マザー・テレサは二〇〇三年に福者、死後十九年目に当たる二〇一六年に聖人となっている。

■日本人の聖人はいる？

ローマ・カトリック教会の聖人のうち、「日本二十六聖人」（↓2月5日）の二十名が日本人。また、一九八七年に列聖された「聖トマス西と十五殉教者」（祝日九月二十八日）では二名が女性としてはじめて列聖された（ほかに七名が日本人）。

また、百五十八名の日本人を含む「日本二百五福者殉教者」（祝日九月十日）が聖人の一つ前の段階である「福者」になっている。ほかに近年福者の認定を受けた日本人に、「ペトロ岐部と一八七殉教者」(二〇〇八年列福式)とキリシタン大名・ユスト高山右近(二〇一七年列福式)がいる。

■最年少の聖人は？

幼な子殉教者(↓12月28日)が最年少といえるが、聖書の登場人物であり、人数も名前も知られていない。名前がはっきりしていて、古い時代に崇敬されていた少年聖者は二人いる。二歳だったイタリア・トレントの聖シモンと、十二歳の徒弟だった英国・ノリッジの聖ウィリアムだ。伝承によるとシモンは一四七五年、ウィリアムは一一四四年、どちらも聖週間にユダヤ人に誘拐され殺害された。両者を三月二十四日に記念していた時代もあったが、現代では事件の信憑性が疑問視され、暦から削除された。アートの世界に名残を留めるのみである。

二〇一六年現在で一番若い聖人は、一九〇二年に性犯罪の犠牲となった十一歳のイタリア人少女、聖マリア・ゴレッティ(祝日七月六日)。貞潔、レイプの被害者、若者やとくに若い女性の守護聖人。

福者の最年少者は、一九三七年に六歳で病死したイタリア人少女のアントニエッタ・メオ。二〇〇七年に列福された。

■聖人に何を祈るの？

クリスチャンが聖人に向かって祈るとしたら、それは「わたしのために神に祈ってください」という「とりなし」（代禱《だいとう》、伝達、正教会用語では転達《てんたつ》）の祈願である（正教会の例は二九〇頁参照）。その観点からいえば、「すでに天国にいて、全世界の人びとがその人に取り次ぎを願ってもよいと教会から認定されている存在」こそが聖人なのだといえる。

また、その聖人の日に神に向かって祈りを捧げるとしたら、「聖〇〇の模範にならうこと（たとえば、他者に尽くす心をもつこと）ができますように」などと祈る。

西方教会の期節と祭色

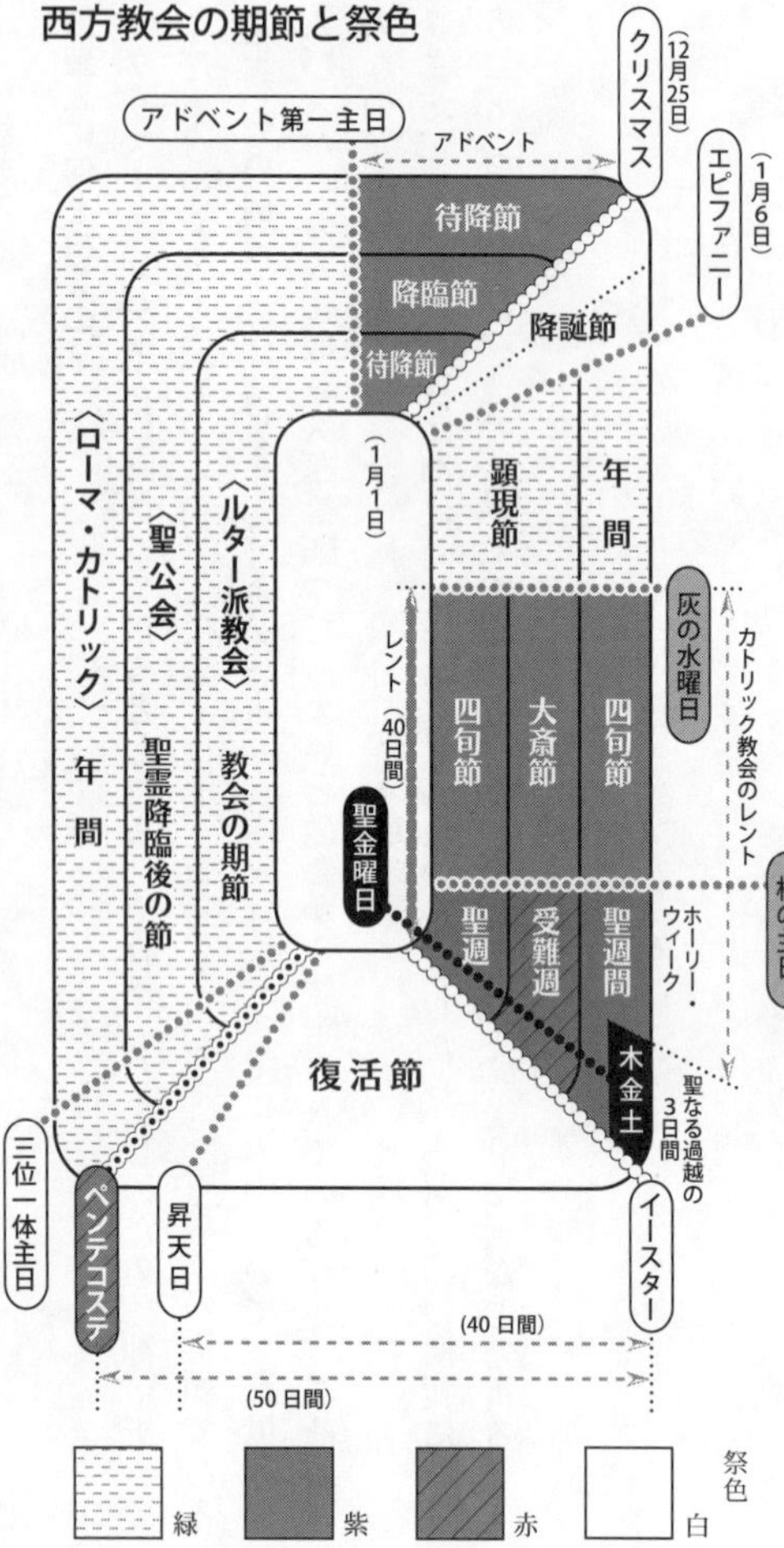
アドベント第一主日
クリスマス（12月25日）
エピファニー（1月6日）
アドベント
待降節
降臨節
待降節
降誕節
（1月1日）
顕現節
年間
〈ローマ・カトリック〉
年間
〈聖公会〉
聖霊降臨後の節
〈ルター派教会〉
教会の期節
灰の水曜日
カトリック教会のレント
レント（40日間）
四旬節
大斎節
四旬節
聖金曜日
枝の主日
聖週
受難週
聖週間
ホーリー・ウィーク
木金土
聖なる過越の3日間
復活節
三位一体主日
ペンテコステ
昇天日
イースター
（40日間）
（50日間）
緑
紫
赤
白
祭色

◆西方教会の「期節」とは

教会暦に沿ったシーズンのこと。アドベント、顕現節、レント、復活節、聖霊降臨後の節など、イエス・キリストの生涯と救いのわざがテーマごとに区分けされている。その間の日曜日は、たとえば「聖霊降臨後第○主日」などと称する。

◆「祭色」とは

典礼色ともいう。ローマ・カトリック教会をはじめ、ルター派教会、聖公会、そしてメソジスト教会の一部では、教会暦の期節や祝祭日のテーマに合わせて、司祭の祭服や聖堂内部の装飾の色が変わる。西方教会の基本カラーは緑、紫、赤、白の四色で、それぞれの意味は以下の通り。

緑……希望、成長、生命、再生、自然、豊穣
紫……悔い改め、懺悔、苦行、節制、キリストの尊厳、待望、厳粛さ、慎み
赤……聖霊の炎、殉教者の血、情熱
白……純潔、喜び、神とキリストの栄光、神聖さ、勝利、真理の光、復活

ほかに、黒（葬儀、懺悔）、青（アドベント、聖母マリア）、金（白の代用色）、バラ色などを用いる教会もある。

昇天日 Ascension Day　5月9日
聖霊降臨主日 Whit-Sunday　5月19日
三位一体主日 Trinity Sunday　5月26日
聖餐日 Corpus Christi　5月30日
宗教改革記念日 Reformation　10月31日
待降節第1主日 First Sunday in Advent　12月1日
降誕日 Christmas　12月25日

◆1940年代の日本のプロテスタント教会の教会・日曜学校・幼稚園行事

（1941年版『基督教年鑑』より）

初週祈禱会　1月6日—11日
建国祭　2月11日〔紀元節〕
雛祭　3月3日
受難週　4月7日—12日
復活祭　4月13日
端午節句　5月5日
母の日　5月11日
ペンテコステ　6月1日
花の日　6月15日〔6月第3主日〕
日本日曜学校日　10月19日〔10月第3主日〕
幼児祝福日（七五三祝）　11月15日
感謝祭　11月23日〔新嘗祭〕
クリスマス　12月25日〔大正天皇祭〕

プロテスタント教会の暦・行事例　（〔　〕は補足・注釈）

◆1875年の米国メソジスト教会の年鑑にある国民の祝日と教会の祭日

（*The Methodist Year Book 1875*より）

Religious Festivals, Fasts, etc.
元日New-Year's Day　1月1日
ワシントン誕生日Washington's Birthday　2月22日
南北戦争戦没者追悼記念日Commemoration-day　5月30日
独立記念日Independence-day　7月4日
初週祈禱会Annual Week of Prayer　1月3日—10日
大学のための祈禱日Prayer for Colleges　1月28日〔1月最終木曜日〕
聖金曜日Good Friday　3月26日
復活主日Easter Sunday　3月28日
子どもの日Children's-day　6月13日〔6月第2日曜日〕
クリスマスChristmas　12月25日

◆1907年の米国ルーテル教会の祭日

（*Lutheran Almanac and Year-Book 1907*より）

顕現日Epiphany　1月6日
七旬節Septuagesima Sunday　1月27日
六旬節Sexagesima Sunday　2月3日
五旬節Quinquagesima Sunday　2月10日
告解火曜日Shrove Tuesday　2月12日
灰の水曜日Ash Wednesday　2月13日
枝の主日Palm Sunday　3月24日
聖金曜日Good Friday　3月29日
復活主日Easter Sunday　3月31日
復活節第1主日Low Sunday　4月1日
祈願節前主日Rogation Sunday　5月5日

イングランド聖公会　1930年代の4月　教会カレンダーの例

【大斎節／復活節】

日	月	火	水	木	金	土
1 大斎 第5主日	2 斎日	3 斎日 英国主教 リチャード	4 斎日 イタリア主教 アンブロース	5 斎日	6 斎日	7 斎日
8 復活前主日	9 斎日 復活前月曜日	10 斎日 復活前火曜日	11 斎日 復活前水曜日	12 斎日 復活前木曜日	13 斎日 受苦日	14 斎日 復活前日
15 復活日	16 復活後月曜日	17 復活後火曜日	18	19 英国大主教 アルフエイヂ	20 斎日	21
22 復活後 第1主日	23 スリア兵士 ジョウジ	24	25 **聖徒マコ日**	26	27 斎日	28
29 復活後 第3主日	30					

日曜日は斎日ではない

記念日は地域・時代により異なる。地域により「祝日」扱いとなる聖人もいる。カトリックのように、すべての日に誰かを記念するとは限らない

大斎（レント）中の主日以外はすべて斎日となる

主要祝日＝全地域の聖公会で祝う祝日

イエスが十字架につけられた日（聖金曜日）。この日と大斎始日（灰の水曜日）を特に「断食日」とする教会もある

キリスト教で最も重要な祝日が復活日、すなわちイースター（復活祭）。西方教会（聖公会、カトリックを含む）全体で祝う日付は共通するが、東方教会とは日付の計算方法が異なるため、同一暦日とはならない年が多い

クリスマスをのぞく毎金曜日が斎日

◆表記は主に1936年版『日本聖公会要覧』を参考にした

アメリカのカトリック教会　1950年代の12月

【待降節／降誕節】

カトリックではすべての日が聖人の日。
主日と祝日を除く平日には、誰か聖人の名が書かれる。その日の聖人は複数いて、誰の名前が書かれるかは地域と時代で異なる

カトリック教会独自の祝日。聖公会の一部をのぞき、他教派では祝わない。また、この日の前日は「小斎」日だが、この年は日曜日に当たるため適用されない

1年を通じて大祝日以外の毎金曜日は「大斎」。大きな魚の絵で表している

日	月	火	水	木	金	土
	1 聖女ナタリヤ	2 聖女ビビアナ	3 聖フランチスコ・ザヴエリヨ	4 聖女バルバラ	5 聖サバ修院長	6 聖ニコラオ司教
7 待降節第2主日	8 聖母の汚なき御やどり	9 聖ロベルト	10 聖メルキアデ教皇	11 聖ダマゾ教皇	12 グアダルーペの聖母	13 聖女ルチヤ
14 待降節第3主日	15 聖女マリヤ・デ・ローザ	16 聖ウゼビオ司教	17 聖ラザロ	18 聖ルーフス	19 聖ファウスタ	20 聖リベラトス
21 待降節第4主日	22 聖フランチスコ・キャブリニ	23 聖女ウイクトリア	24	25 吾主御誕生の大祝日	26 聖ステファノ	27 聖ヨハネ使徒
28 御誕生後の主日	29 カントルベリの司教聖トマ	30 聖サビノ司教	31 聖シルヴエストロ教皇			

カトリックのカレンダーでは「半分の魚」で「小斎」を表すことが多い。四季の斎日（Ember Days, 冬期は待降節第3主日直後の水・金・土。この年は17・19・20日）には、特別な祈りとともに節食する

28日は「無辜聖嬰児等殉教」の祝日で独自のミサ式文があるが、当日が主日の場合は主日ミサが優先する

クリスマス前日も「大斎」。主の降誕前晩のミサ終了まで肉類は食べられない

アメリカにおける一般的なルール

大斎（終日肉類は不可）

小斎（1日1食のみ肉類可）

◆表記の一部は、1914年カトリック函館教区発行の暦を参考にした

在米ロシア正教会 2010年代の 8 月

＊ロシア正教会は旧暦を使っているので新暦と暦が 13 日ずれる。
新暦の 8 月 15 日＝旧暦 28 日となる

正教会ではすべての日が聖人の日。その日の聖人は複数いて、誰の名前が書かれるかは地域と時代で異なる。イコンや聖遺物が移動した日なども記念される

大きな祭の前には斎〔下の説明参照〕がある。生神女就寝祭の場合は 2 週間がそれに相当する

祭日前期＝大祭の前にある準備期間。通常は 1 日。
8 月には顕栄祭（下の暦で 19 日）と生神女就寝祭（28 日）の 2 つの大祭がある

日	月	火	水	木	金	土
						1 克肖者聖セラフィムの不朽体の発見／聖マクリナ
2 五旬祭後第 9 主日 聖預言者イリヤ	3 聖シメオン／聖預言者イエゼキイル	4 聖携香女亜使徒マリヤ「マグダリナ」	5 ⓪ ポチャエフの生神女イコン／聖致命者トロフィム	6 聖致命女ハリスティナ／聖ボリス及びグレブ	7 ⓪ 至聖生神女の母聖アンナ	8 聖致命女パラスケワ／聖致命者エルモライ
9 五旬祭後第 10 主日 聖大致命者廉施者パンテレイモン	10 聖使徒輔祭プロホル他 70 名／スモレンスクの生神女イコン	11 聖致命者カルリニク	12 S 聖使徒シラ他／コンスタンティノポリの聖イオアン	13 聖十字架出行祭の祭日前期 聖エウドキム	14 S 生神女就寝祭の斎 聖十字架出行祭 聖致命者祭司マッカウェイ他	15 ⓪ 生神女就寝祭の斎 初致命者首輔祭聖ステファンの不朽体の遷移祭
16 ⓪ 五旬祭後第 11 主日 克肖者聖イサアク他／克肖者聖アントニイ	17 S 生神女就寝祭の斎 エペソの聖致命者 7 人	18 ⊘ 生神女就寝祭の斎 主の顕栄祭前期 聖致命者エウシグニイ	19 F 生神女就寝祭の斎 主の顕栄祭（変容祭）	20 ⊘ 生神女就寝祭の斎 聖致命者ドメティ	21 S 生神女就寝祭の斎 ソロヴェツキー修道院のゾシマとサワティ／聖エミリアン	22 ⓪ 生神女就寝祭の斎 聖使徒マトフェイ
23 ⓪ 五旬祭後第 12 主日 聖致命者首輔祭ラウレンティ	24 S 生神女就寝祭の斎 聖致命者エウプル	25 ⊘ 生神女就寝祭の斎 聖致命者アニキタ及フォティ	26 S 生神女就寝祭の斎 克肖者聖神父表神者マクシムスの不朽体の遷移祭	27 ⊘ 生神女就寝祭の斎 生神女就寝祭前期 聖預言者ミヘイ	28 F 生神女就寝祭	29 イイススハリストスの自印聖像移転祭
30 五旬祭後第 13 主日 聖致命者ミロン	31 聖致命者フロル及ラウル					

＊斎〔ものいみ〕＝食事規定については、すべての教派中、正教会の規定が最も細部にわたっている。その組織内部で大まかなルールは共通するが、細則は時代、地域、さらに個々の教会により異なる

記号の意味

- S 斎（パン・野菜・果物は可　肉類・乾酪類・魚類・葡萄酒・油は不可）
- ⓪ 油は可
- ⊘ 油は不可
- F 魚は可、肉類・乾酪類不可

◆食事制限の区分けの仕方、またそれを示す記号には、右に示したもののほかにさまざまなパターンがある
◆表記は主に日本正教会の暦を参考にした

聖人のシンボル

St. Mark
聖マルコ
4/25

書物
翼のある獅子
ヒゲ

St. Matthew
聖マタイ
9/21

書物
天使
ヒゲ

Four Evangelists
四福音記者

St. John
聖ヨハネ
12/27

書物
鷲
蛇の入った
カリス（杯）
若々しい風貌

St. Luke
聖ルカ
10/18

書物
翼のある牡牛
ヒゲ
聖母子の絵

スタンプ図版出典：Fictitious & Symbolic Creatures in Art by John Vinycomb, 1906

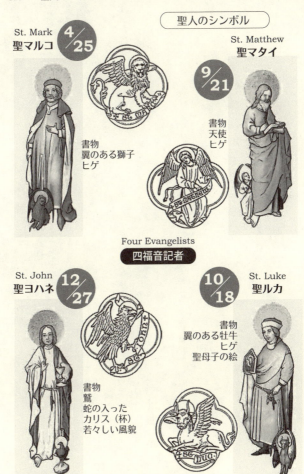

平凡社新書版あとがき

わたしは個人的な関心から、いろいろなキリスト教会の礼拝に顔を出している。たまに、同じ日のうちに違う教派の礼拝をはしごすると、その日の礼拝のテーマが同じだったり、あるいはまったく異なっていたりして、教派相互の近さ・遠さについて考えさせられることがある。

二千年の歴史のなかで、キリスト教会はさまざまな流れに分離した。教義、見た目の礼拝様式、教会堂の構造のほかにもいろいろな違いがあるが、今回「祝祭日」を手がかりに整理してみたのがこの本である。自分で調べてみてはじめて理解できた、という事項も多く、教会関係者向けというより、むしろ一般の方向けに平易に解説することを心がけた。キリスト教圏を旅行したり、長期滞在する方にも読んでいただければと思う。

本書では「東方（教会）」「正教会」「西方（教会）」などの語を多用したが、これについてお断りしておきたい。まず東方についてだが、本書では若干の例外を除き、正教会以外の東方諸教会は扱っていない。そのため、本書における「東方（教会）」は、正教会（東方正教会）の同義語となっている。

また、「西方（教会）」とは一般に教会の東西分離後に成立したローマ・カトリック教会、とプロテスタント教会を指すが、本書では実質的に前者のみ、またはこれに聖公会とルター派教会を含めた教会だけを示す場合がある。以上は、本書のみの限定的な使い方なので、その点ご注意いただきたい。（↓「キリスト教会の主な流れ」一〇頁）

また、ローマ司教（総司教）は混乱を避けるため、東西教会分離前の時代でも、「ローマ教皇」の表記で統一した。

執筆に当たって、質問に答えてくださった教会の聖職・教職の方、そして、そもそも本書のアイデアを提供してくれた平凡社新書の飯野勝己編集長に感謝したい。

二〇〇三年　日本聖公会が制定した「海の主日」（七月第三日曜日）に

八木谷涼子

講談社学術文庫版あとがき

本書は、二〇〇三年に平凡社新書から出た『キリスト教歳時記――知っておきたい教会の文化』の増補改訂版である。旧作をそのまま再版して末尾に増補部分を追加するという形式はとらず、本文全体に手を入れた。誤りは修正して情報をアップデートし、若干の項目を増やし、イラスト・図版については付録部分も含めすべて新たに著者が作り直した。

新しい版で少しこだわってみたのは、（香港と台湾限定ではあるが）中華圏の教会における漢字表現の紹介である。漢字文化圏に外から入ってきたキリスト教思想は、同じ概念に複数の訳語が与えられていることがしばしばある。その多様さは混乱の原因になることがあるが、いっぽうで、別のかたちの翻訳を知ることで理解がしやすくなる一面もあるのではないかと思う。

今回はネットを通じた現地情報のほか、旧い文献（とくに十九世紀から二十世紀前半の英語圏の刊行物）から多くの示唆を受けた。また、本書のために描いたイラストは、先人のアート作品を題材にさせてもらっている。これらの文化遺産の存在そのものに対して、そしてネットを経由してそうした資料に接することを可能にしたすべてのテクノロジーと、背後でそれを支えている方々に心からの謝意を表したい。

前作へご意見ご指摘をお寄せくださった方々、今回新たに質問に答えてくださった教会の皆さんには感謝の一語しかない。著者のオタク的ワガママに誠実にお付き合いいただいた講談社学芸クリエイトの林辺光慶さん、校閲、ＤＴＰ担当の方々にも感謝申し上げます。

大天使聖ミカエルの祝日に　八木谷涼子

参考文献

（サイトのURLは、二〇一六年九月現在アクセス可能なものを挙げた）

〈キリスト教会の暦と聖人伝〉
＊東方正教会／東方諸教会
『小祈禱書』正教会（刊行年不明） http://dl.ndl.go.jp/info:ndljp/pid/824560
『小祈禱書』日本ハリストス正教会 一九九一再版
『三歌斎経』日本ハリストス正教会
『祭日経』日本ハリストス正教会
『主降生二千一年 正教会暦』ぱんだね 二〇〇一年版ほか
クリメント北原史門『正教会の祭と暦』群像社 二〇一五
日本正教会―ハリストス正教会 The Orthodox Church in Japan http://www.orthodoxjapan.jp/
なごやハリストス正教会 聖歌のページ http://www.orthodox-jp.com/music/
〝正教会〟来て、見てごらん！ http://www.orthodox-jp.com/george
横浜ハリストス正教会 https://ja-jp.facebook.com/ocj.yokohama
Greek Orthodox Archdiocese of America, Online Chapel http://www.goarch.org/chapel
The Orthodox Church in America, Feasts & Saints https://oca.org/fs
St. Nicholas Russian Orthodox Church, McKinney, TX, USA http://www.orthodox.net/
The Russian Orthodox Church https://mospat.ru/en/
Cathedral of the Dormition, London Russian Orthodox Church Abroad
http://www.russianchurchlondon.org/en/

PRAVMIR.COM: Orthodox Christianity and the World　http://www.pravmir.com/
The Ecumenical Patriarchate　https://www.patriarchate.org/home
Antiochian Orthodox Christian Archdiocese of North America　http://www.antiochian.org
Greek Orthodox Patriarchate of Alexandria and All Africa
　http://www.patriarchateofalexandria.com/index.php?lang=en
The Church of Greece　http://www.ecclesia.gr/English/EnIndex.html
Romanian Orthodox Church　http://patriarhia.ro/en/
The Bulgarian Eastern Orthodox Diocese of the USA, Canada, and Australia
　http://www.bulgariandiocese.org/
Orthodox Autocephalous Church of Albania　http://orthodoxalbania.org/alb/index.php/en-us/
Bishop Angaelos.org（Coptic Orthodox Church）　http://www.bishopangaelos.org/
The Ethiopian Orthodox Tewahedo Church
　http://www.ethiopianorthodox.org/english/indexenglish.html
OrthodoxWiki　https://orthodoxwiki.org/Main_Page
＊カトリック
『天主公教小略』名古屋天主教会　一八九四
『天主降生一千九百十四年　天主公教会祝日公教要理配当表』（天主公教会函館教区）
『カトリック大辞典』冨山房　一九四〇―六〇
小林珍雄編『キリスト教百科事典』エンデルレ書店　一九六〇
典礼司教委員会編『ミサ典礼書』カトリック中央協議会　一九七八
『聖書と典礼』オリエンス宗教研究所

『教会暦と聖書朗読』カトリック中央協議会出版部
土屋吉正『暦とキリスト教（増補改訂版）』オリエンス宗教研究所　一九八七
C・バリョヌエボ『ミサの前に読む聖人伝』サンパウロ　一九九〇
『新カトリック大事典』全4巻、総索引、別巻　研究社　一九九六―二〇一〇
マルコム・デイ『図説キリスト教聖人文化事典』神保のぞみ訳／原書房　二〇〇六
竹下節子『「弱い父」ヨセフ――キリスト教における父権と父性』講談社選書メチエ　二〇〇七
日本カトリック司教協議会　諸宗教部門編『カトリック教会の諸宗教対話の手引き――実践Q＆A』カトリック中央協議会　二〇〇九
秦　剛平編著『名画でたどる聖人たち――もう一つのキリスト教世界』青土社　二〇一一
増田　洋『信徒が書いた典礼マニュアル』教友社　二〇一二
菅原裕二『教会法で知るカトリック・ライフ　Q＆A40』ドン・ボスコ新書　二〇一四
The Metropolitan Catholic Almanac and Laity's Directory 1850, Baltimore: Fielding Lucas
The Catholic Directory, Ecclesiastical Register and Almanac 1913, London : Burns & Oates
Herbert J. Thurston and Donald Attwater eds., *Butler's Lives of The Saints*, Complete Edition, 4 Vols., Christian Classics, 1990
The Catholic Encyclopedia　http://www.newadvent.org/cathen/
The Holy See　http://w2.vatican.va/content/vatican/en.html
CatholicSaints.Info　http://catholicsaints.info/
Catholic Online, Patron Saints: A　http://www.catholic.org/saints/patron.php
CatholicCulture.org　http://www.catholicculture.org/
Liturgy Office, The Catholic Church in England & Wales　http://www.liturgyoffice.org.uk/

カトリック中央協議会　http://www.cbcj.catholic.jp/jpn/
女子パウロ会　Laudate/ラウダーテ　http://www.pauline.or.jp/
カトリック新聞オンライン　http://cathoshin.com
＊聖公会
『日本聖公会祈禱書』日本聖公会　一九一五（文語）
『日本聖公会祈禱書』日本聖公会　一九五九（文語）
『日本聖公会祈祷書』日本聖公会　一九九一（口語）
『日本聖公会要覧』日本聖公会　一九三六
聖ヨハネ修士会『公会の祝祭日』日本聖公会東北教区　一九九五
聖ヨハネ修士会『公会暦講話』日本聖公会東北教区　一九八四
森　紀旦編『聖公会の礼拝と祈祷書』聖公会出版　一九八九
『改訂増補　日本聖公会祈祷書解説』日本聖公会管区事務所　一九九四
The Proper for the Lesser Feasts and Fasts 2006, Church Publishing, 2006
The Church of England, The Calendar
https://www.churchofengland.org/prayer-worship/worship/texts/the-calendar.aspx
The Book of Common Prayer, The Church of England, 1662
https://www.churchofengland.org/prayer-worship/worship/book-of-common-prayer.aspx
The Proposed Book of Common Prayer, The Church of England, 1928
http://justus.anglican.org/resources/bcp/CofE1928/CofE1928.htm
The Alternative Service Book (ASB), The Central Board of Finance of the Church of England, 1980

http://www.oremus.org/liturgy/asb/
Common Worship, The Church of England, 2000
https://www.churchofengland.org/prayer-worship/worship/texts.aspx
The Book of Common Prayer, The Episcopal Church, USA, 1979
http://justus.anglican.org/resources/bcp/bcp.htm
The Lectionary Page（米国）　http://www.lectionarypage.net/
The Episcopal Church USA（ECUSA）Liturgical Calendar
https://www.episcopalchurch.org/lectionary-calendar
St James's Church, Hampton Hill, Middlesex, UK　http://www.stjames-hamptonhill.org.uk/
James Kiefer's Christian Biographies　http://elvis.rowan.edu/~kilroy/JEK/home.html
＊ルター派（ルーテル）教会
『ルーテル教会式文（礼拝と諸式）』日本福音ルーテル教会 一九九六
Lutheran Almanac and Year-Book, The Lutheran Publication Society
Common Service Book of the Lutheran Church, The United Lutheran Church in America, 1918
Edward Traill Horn, *The Christian Year*, Muhlenberg Press, 1957
ELCA The Lutheran Calendar
https://www.elca.org/Our-Work/Congregations-and-Synods/Worship/Lectionary/
The Lutheran Church Missouri Synod, Church Year
http://www.lcms.org/resources/worship/churchyear
＊プロテスタントほか
『基督教年鑑　昭和16年版』日本基督教聯盟年鑑部 一九四一

飯　清『教会のこよみ、日本のこよみ――祭り、行事の由来をさぐる』キリスト新聞社 一九九二
日本基督教団東京教区編『信徒必携　新改訂版』日本基督教団出版局 一九九八
今橋　朗『よくわかるキリスト教の暦』キリスト新聞社 二〇〇三
K-H・ビーリッツ『教会暦――祝祭日の歴史と現在』松山與志雄訳／教文館 二〇〇三
松谷信司『キリスト教のリアル』ポプラ新書 二〇一六
The Methodist Year Book, Methodist Episcopal Church, USA
John T. McFarland, Benjamin S. Winchester eds., *The Encyclopedia of Sunday Schools and Religious Education*, 3 Vols., Thomas Nelson & Sons, 1915
John Milton Moore, *The Challenge of Change: What is Happening in Home Missions*, Council of Women for Home Missions and Missionary Education Movement, 1931
World Day of Prayer International Committee　http://worlddayofprayer.net/index.html
World Day of Prayer Ireland　http://worlddayofprayerireland.com/

〈世界の祝日と祭、一般的な歳時記〉

植田重雄『ヨーロッパ歳時記』岩波新書 一九八三
遠藤紀勝『仮面――ヨーロッパの祭りと年中行事』現代教養文庫 一九九〇
マリ＝フランス・グースカン『フランスの祭りと暦――五月の女王とドラゴン』樋口　淳訳／原書房 一九九一
チャールズ・カイトリー『イギリス歳時暦』澁谷　勉訳／大修館書店 一九九五
デイヴィッド・E・ダンカン『暦をつくった人々』松浦俊輔訳／河出書房新社 一九九八
谷口幸男、遠藤紀勝『図説　ヨーロッパの祭り』河出書房新社 一九九八

山田和子『イタリア・フェスタ紀行』平凡社 二〇〇〇
鹿島 茂『フランス歳時記――生活風景12か月』中公新書 二〇〇二
芳賀日出男 文・写真『ヨーロッパ古層の異人たち――祝祭と信仰』東京書籍 二〇〇三
アンソニー・F・アヴェニ『ヨーロッパ祝祭日の謎を解く』勝 貴子訳／創元社 二〇〇六
リサ・モートン『ハロウィーンの文化誌』大久保庸子訳／原書房 二〇一四
インフォマット INFOMAT http://インフォマット.jp
JETRO 世界の祝祭日 https://www.jetro.go.jp/biznews/holiday.html
OfficeHolidays（世界の祝祭日） http://www.officeholidays.com/
timeanddate.com（世界の祝祭日） http://www.timeanddate.com/holidays/
Jewish Holidays（ユダヤ教祝祭日） https://www.hebcal.com/holidays/
Full moon（満月） http://www.fullmoon.info/
Calendar Customs（英国のイベント） http://calendarcustoms.com/
festivals.com（世界の祭） http://www.festivals.com/
School of the Seasons（歳時記） http://www.schooloftheseasons.com
England in Particular（イングランドの年中行事） http://www.englandinparticular.info/
St. Nicholas Center（聖ニコラウス百科） http://www.stnicholascenter.org/pages/home/
Katherine Burton & Helmut Ripperger, *Feast Day Cookbook*, David McKay Company, Inc., New York, 1951（暦にちなんだ料理） http://www.ewtn.com/library/FAMILY/FSTDAY.TXT

〈名前〉

『岩波西洋人名辞典』岩波書店 一九五六

梅田 修『世界人名ものがたり――名前でみるヨーロッパ文化』講談社現代新書 一九九九
Behind the Name http://www.behindthename.com/
Baby Name Network http://www.babynamenetwork.com/
Best Nicknames http://bestnicknametees.com/

〈中華圏の表記〉

適合男孩子用的聖名（聖人） http://www.catholic.org.hk/name/boy.html
適合女孩子用的聖名（聖女） http://www.catholic.org.hk/name/girl.html
Orthodox Church in Hong Kong/ 香港東正教會 Facebook
台灣基督正教會（台湾／正教会） http://orthodoxchurch.tw/
台灣基督東正教會 Orthodox Taiwan（台湾／正教会） http://theological.asia/
羅馬教會通用禮儀日曆及香港教區專用禮儀日曆一覽表（香港／羅馬教会）
http://catholic-dlc.org.hk/st/bydate.htm
聖人日曆（台湾／天主教） http://www.catholicworld.info/saint/
方濟會思高讀經推廣中心（台湾／天主教） http://www.ccreadbible.org/
香港聖公會（香港／聖公会） http://www.hkskh.org/index.aspx?lang=2
台灣聖公會（台湾／聖公会） http://www.episcopalchurch.org.tw
http://www.episcopalchurch.org.tw/churchAlmanac.jsp
香港路德會（香港／ルーテル） http://www.lutheran.org.hk/
中華基督教衛理公會總會（台湾／メソジスト） http://www.methodist.org.tw/
台灣基督長老教會（台湾／長老教会） http://www.pct.org.tw/

〈その他〉
『日本キリスト教歴史大事典』 教文館 一九八八
『岩波キリスト教辞典』 岩波書店 二〇〇二
聖書　新共同訳　日本聖書協会 二〇〇三
コトバンク　https://kotobank.jp
The Oxford English Dictionary, Oxford University Press, 1989
OED2 on CD-ROM Ver.1.10, Oxford University Press, 1994
J. G. Davies ed., *The New Westminster Dictionary of Liturgy and Worship*, The Westminster Press, 1986
The Oxford Dictionary of the Christian Church, 3rd ed. Oxford University Press, 1997
Britannica CD97, ver.1.1
Wikipedia　https://www.wikipedia.org
Online Etymology Dictionary（語源） http://www.etymonline.com
The home of the Royal Family　https://www.royal.uk
Library of Congress, All Digitized Newspapers　http://chroniclingamerica.loc.gov/newspapers/
Google News　https://news.google.com/newspapers

Trinity Sunday　三位一体主日
Vaclav　ヴァーツラフ
Valentine　ヴァレンタイン
Visitation of Our Lady　聖母の訪問
Wenceslas［Wenceslaus］　ヴァーツラフ
Whitsunday　聖霊降臨日（ペンテコステ）
World Communion Sunday　世界聖餐日
World Day of Prayer（WDP）　世界祈禱日

Patrick　パトリック
Paul　パウロ
Pentecost　ペンテコステ
Peter　ペトロ
Philip　フィリポ
Pokrov　生神女庇護祭
Presentation of Christ in the Temple　主の迎接祭（進堂祭）
—— of the Blessed Virgin Mary　聖マリアの奉献
—— of the Lord　主の奉献
Protection of the Most Holy Mother of God　生神女庇護祭
Purification of the Blessed Virgin Mary　聖母マリア御潔めの祝日
Rally Day　ラリー・デー（振起日）
Reformation Day　宗教改革記念日
Refreshment Sunday　リフレッシュメント・サンデー（レント第四主日）
Rejoice Sunday　喜びの主日（アドベント第三主日、レント第四主日）
Repose of the Theotokos　生神女就寝祭
Rogation Days　祈願節
Rose Sunday　バラ色の主日（アドベント第三主日、レント第四主日）
Silvester［Sylvester］　シルヴェストロ
Simnel Sunday　シムネル・サンデー（レント第四主日）
Simon　シモン
Stephen　ステファノ
—— of Hungary　イシュトバーン（ハンガリーの）
Stir-up Sunday　かき混ぜの主日
Sacred Heart of Jesus　イエスのみこころ
Theophany　神現祭
Theotokos　生神女〔しょうしんじょ〕
Therese　テレジア
Thomas　トマス
Three Kings Day　三王の日
Transfiguration of the Lord　主の変容

Jude Thaddaeus　ユダ・タダイ
Kilian　キリアン
Lady Day　受胎告知日
Laetare Sunday　喜びの主日（レント第四主日）
Lammas Day　収穫感謝日
Laurence［Lawrence］　ラウレンチオ
Lent　レント
Lourdes, Our Lady of　ルルドの聖母
Lucy［Lucia］　ルシア
Luke　ルカ
Mark　マルコ
Martin　マルチノ
Martyrs of Japan　日本二十六聖人殉教者
Mary　マリア
Mary Magdalene　マグダラのマリア
Mary, Mother of God　神の母聖マリア
Matthew　マタイ
Matthias　マティア
Maundy Thursday　洗足木曜日
Meeting of the Lord　主の迎接祭（進堂祭）
Methodius　メソディウス
Michael　ミカエル
Midsummer Day　洗礼者ヨハネの日（洗礼者聖ヨハネの誕生日）
Mothering Sunday　母の日主日（レント第四主日）
Mother's Day　母の日
Name-Day　聖名祝日
Nativity of Our Lord Jesus Christ　主の降誕
── of Saint John the Baptist　洗礼者聖ヨハネの誕生
── of the Blessed Virgin Mary　聖母マリアの誕生
Nicholas　ニコラウス
Oranges and Lemons Day　オレンジとレモンの日
Palm Sunday　枝の主日
Passion Sunday　受難の主日
Passion Week　受難週

Dedication of Saint John Lateran　ラテラン教会の献堂
Dormition of the Theothokos　生神女就寝祭
Easter　イースター（復活祭）
Entrance [Entry] of the Most-Holy Theotokos into the Temple　生神女進堂祭
Epiphany　エピファニー
Exaltation of the Holy Cross　聖十字架挙栄祭
Flower Day　花の日
Fourth Sunday in Lent　レント第四主日
Francis　フランシスコ
Francis Xavier　フランシスコ・ザビエル
Gaudete Sunday　ガウデテの主日（喜びの主日）
George　ゲオルキス
Good Friday　聖金曜日
Great Lent　大斎〔おおものいみ〕
Guadalupe, Our Lady of　グアダルーペ、聖母
Halloween　ハロウィーン
Holy Cross Day　十字架称賛日
Holy Friday　聖金曜日
Holy Innocents　幼な子殉教者
Holy Myrrhbeare　携香女（マグダラのマリア）
Holy Name of Our Lord Jesus Christ　主の命名
Holy Saturday　聖土曜日
Holy Thursday　聖木曜日
Holy Week　聖週間
Immaculate Conception　無原罪の聖マリア
Innocents' Day　幼な子殉教者の日
Intercession of the Theotokos　生神女庇護祭
Isidro [Isidore]　イシドロ
James　ヤコブ
Jerusalem Sunday　エルサレムの主日（レント第四主日）
Joachim　ヨアキム
John　ヨハネ
Joseph　ヨセフ
Jude　ユダ

英和対照表

(本書の項目へ導くためのもので、その英語に対する訳語を網羅したものではありません)

Advent　アドベント
Agatha [Agata]　アガタ
Agnes　アグネス
All Saints' Day　諸聖人の日
All Souls' Day　死者の日
Andrew　アンデレ
Anne [Ann, Anna]　アンナ
Annunciation Day　受胎告知日
Ascension　主の昇天
Ash Wednesday　灰の水曜日
Assumption of the Blessed Virgin Mary　聖母被昇天
Baptism of Our Lord　主の洗礼
Barnabas　バルナバ
Bartholomew　バルトロマイ
Beheading of Saint John the Baptist　洗礼者聖ヨハネの殉教
Body of Christ　キリストの聖体
Bridget [Birgitta]　ビルギッタ
Candlemas　キャンドルマス
Carnival　カーニバル／謝肉祭
Children's Day [Children's Sunday]　子どもの日
Christ the King　王であるキリスト
Christmas Day　クリスマス
Christopher　クリストフォルス
Cilian　キリアン
Circumcision of our Lord and Savior Jesus Christ　主の割礼祭
Commemoration of the Faithful Departed　諸魂日
Corpus Christi　コーパス・クリスティ（キリストの聖体)
Cyril　キリル
David　デイヴィッド
Decollation of Saint John the Baptist　洗礼者聖ヨハネの殉教

メソディウス（5/24）174
蒙告日　→受胎告知
斎〔ものいみ〕→大斎〔おおものいみ〕
ヤコブ、使徒（小ヤコブ）(5/3) 168
ヤコブ、使徒（ユダ・タダイ）(大ヤコブ)（7/25）212
ユダ、使徒（10/28）266
ヨアキム（7/26）216
ヨセフ（3/19）107
　ヨセフ、労働者（5/1）166
ヨハネ、使徒（12/27）59
ヨハネ、洗礼者
　ヨハネの誕生（6/24）196
　ヨハネの殉教（8/29）235
喜びの主日　42
ラウレンチオ（8/10）225
ラテラン教会の献堂（11/9）278
ラリー・デー　→子どもの日・花の日　195
リフレッシュメント・サンデー　→レント第四主日
ルカ（10/18）264
ルシア（12/13）40
ルルドの聖母　→マリア
霊名祝日　→聖名祝日
レント、西方教会の　126
レント第四主日　137

デイヴィッド（3/1）102
テレジア、幼いイエスの（10/1）255
トマス、使徒（12/21）44
ニコラウス（12/6）31
日本二十六聖人殉教者（2/5）90
日本の殉教者　→日本二十六聖人殉教者
灰の水曜日　126
パウロ（6/29）202
　パウロの回心（1/25）80
　パウロの難破（2/10）92
パトリック（3/17）105
花の日　→子どもの日・花の日
母の日　170
母の日主日　→レント第四主日
バプテスマのヨハネ　→ヨハネ、洗礼者
バラ色の主日　→喜びの主日、レント第四主日
バルトロマイ、使徒（8/24）234
バルナバ、使徒（6/11）194
ハロウィーン（10/31）270
万聖節　→諸聖人
万霊節　→死者の日
被献日　→キャンドルマス
ビルギッタ、スウェーデンの（10/8）263
フィリポ、使徒（5/3）168
復活祭　→イースター
復活大祭　→イースター
フランシスコ、アッシジの（10/4）259
フランシスコ・ザビエル→ザビエル
ペトロ、使徒（6/29）202
　ペトロの鎖（8/1）222
ペンテコステ　180
ボクシング・デー　→ステファノ
マグダラのマリア　→マリア、マグダラの
マタイ、使徒（9/21）244
マティア、使徒（2/24）99
マリア（イエスの母、聖母）
　お告げのマリア　→受胎告知
　御潔めの祝日　→キャンドルマス
　神の母聖マリア（1/1）68
　グアダルーペ（12/12）38
　受胎告知（3/25）111
　生神女就寝祭（8/15）227
　生神女進堂祭（11/21）283
　生神女誕生祭　→誕生
　生神女庇護祭（10/1）254
　生神女福音祭　→受胎告知
　誕生（9/8）240
　被昇天（8/15）227
　奉献（11/21）283
　訪問（5/31）177
　み告げの日　→受胎告知
　無原罪（12/8）35
　ルルド（2/11）93
マリア、マグダラの（7/22）209
マルコ（4/25）162
マルチノ（11/11）280
ミカエル、大天使（9/29）248

グアダルーペ、聖母　→マリア
クリストフォルス（7/25）214
クリスマス（12/25）46
ゲオルキス（4/23）159
現異邦日　→エピファニー
顕現日　→エピファニー
降誕節　→クリスマス
降誕日　→クリスマス
降臨節　→アドベント第一主日
子どもの日・花の日　192
コーパス・クリスティ　→キリストの聖体
ザビエル、フランシスコ（12/3）29
三王の日　→エピファニー
三位一体主日　186
死者の日（11/2）276
四旬節　→レント
シモン、使徒（10/28）266
謝肉祭　→カーニバル
収穫感謝日（8/1）222
宗教改革記念日（10/31）268
十字架称賛（9/14）241
受割礼日　→キリスト（主の命名）
受苦日　→聖金曜日
受胎告知（3/25）111
受難週　→聖週間
受難週間　→聖週間
受難節　→レント
受難の主日　→聖週間
主の〜　→キリスト
生神女〔しょうしんじょ〕→マリア
諸魂日　→死者の日
諸聖人（11/1）274
諸聖徒日　→諸聖人
シルヴェストロ（12/31）64
振起日〔しんきび〕→ラリー・デー
神現祭　→エピファニー
ステファノ（12/26）56
聖金曜日　148
聖五旬祭　→ペンテコステ
聖餐感謝日　→キリスト（キリストの聖体）
聖週　→聖週間
聖週間　140
聖十字架挙栄祭　→十字架称賛
聖十字架日　→十字架称賛
聖神降臨祭　→ペンテコステ
聖徒の日　→諸聖人
聖土曜日　150
聖名祝日　290
聖なる過越の三日間　→聖週間
聖母マリア　→マリア
聖木曜日　144
聖霊降臨日　→ペンテコステ
世界祈禱日　103
世界聖餐日　258
全聖徒の日　→諸聖人
洗足木曜日　→聖木曜日
洗礼者ヨハネ　→ヨハネ、洗礼者
待降節　→アドベント第一主日
大斎始日〔たいさいしじつ〕→灰の水曜日
大斎節　→レント

本書で取り上げた項目一覧

（数字はその項目が始まる頁を掲げた）

アガタ（2/5） 88
アグネス（1/21） 79
アドベント第一主日 26
アドベント第三主日 →喜びの主日
アドベント直前の日曜日 →キリスト（王であるキリスト）、かき混ぜの主日
アンデレ、使徒（11/30） 287
アンナ（7/26） 216
イアコフ →ヤコブ
イエス →キリスト
イオアキム →ヨアキム
イオアン →ヨハネ
イシドロ（5/15） 172
イシュトバーン（8/16） 232
イースター 118
ヴァーツラフ（9/28） 245
ヴァレンタイン（2/14） 96
枝の主日 140
エピファニー（1/6） 71
王であるキリスト →キリスト
大斎〔おおものいみ〕 133
大斎準備期間 →大斎
幼な子殉教者（12/28） 62
おとめ聖マリアの訪問 →マリア（訪問）
オレンジとレモンの日（3/31） 114
かき混ぜの主日 285
カーニバル 123
神のお告げ →受胎告知
神の母聖マリア →マリア
祈願節 →主の昇天
キャンドルマス（2/2） 86
キリアン（7/8） 208
キリスト
　イエスのみこころ 190
　王であるキリスト 285
　キリストの聖体 187
　主の割礼祭 →主の命名
　主の迎接祭 →キャンドルマス
　主の顕栄祭 →主の変容
　主の公現 →エピファニー
　主の降誕 →クリスマス
　主の昇天祭（正教会） →主の昇天
　主の昇天 179
　主の進堂祭 →キャンドルマス
　主の聖枝祭 →聖週間
　主の洗礼祭（正教会） →エピファニー
　主の洗礼
　主の母聖マリア →マリア（被昇天）
　主の変容祭 →主の変容
　主の変容（8/6） 223
　主の奉献 →キャンドルマス
　主の命名（1/1） 68
キリル（5/24） 174

KODANSHA

本書の原本は、二〇〇三年に平凡社より『キリスト教歳時記——知っておきたい教会の文化』として刊行されました。

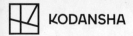

八木谷涼子（やぎたに　りょうこ）

1960年福岡県生まれ。キリスト教の教派と文化，およびT・E・ロレンスの研究家。著書に『知って役立つキリスト教大研究』（新潮OH！文庫），『なんでもわかるキリスト教大事典』（朝日文庫），『もっと教会を行きやすくする本』（キリスト新聞社），編著に『別冊太陽 日本の教会をたずねて1＆2』（平凡社），共訳書にS・E・タバクニック『アラビアのロレンスを探して』（平凡社）などがある。サイトは「八木谷 くりほん」で検索。

講談社学術文庫

定価はカバーに表示してあります。

キリスト教《きょう》の歳時記《さいじき》

知《し》っておきたい教会《きょうかい》の文化《ぶんか》

八木谷涼子《やぎたにりようこ》

2016年12月９日　第１刷発行

2022年５月25日　第２刷発行

発行者　鈴木章一

発行所　株式会社講談社

東京都文京区音羽 2-12-21 〒112-8001

電話　編集（03）5395-3512

販売（03）5395-4415

業務（03）5395-3615

装　幀　蟹江征治

印　刷　株式会社ＫＰＳプロダクツ

製　本　株式会社国宝社

本文データ制作　講談社デジタル製作

© Yagitani Ryoko　2016　Printed in Japan

落丁本・乱丁本は，購入書店名を明記のうえ，小社業務宛にお送りください。送料小社負担にてお取替えします。なお，この本についてのお問い合わせは「学術文庫」宛にお願いいたします。

本書のコピー，スキャン，デジタル化等の無断複製は著作権法上での例外を除き禁じられています。本書を代行業者等の第三者に依頼してスキャンやデジタル化することはたとえ個人や家庭内の利用でも著作権法違反です。Ⓡ〈日本複製権センター委託出版物〉

ISBN978-4-06-292404-7

「講談社学術文庫」の刊行に当たって

これは、学術をポケットに入れることをモットーとして生まれた文庫である。学術は少年の心を養い、成年の心を満たす。その学術がポケットにはいる形で、万人のものになることは、生涯教育をうたう現代の理想である。

こうした考え方は、学術を巨大な城のように見る世間の常識に反するかもしれない。また、一部の人たちからは、学術の権威をおとすものと非難されるかもしれない。しかし、それはいずれも学術の新しい在り方を解しないものといわざるをえない。

学術は、まず魔術への挑戦から始まった。やがて、いわゆる常識をつぎつぎに改めていった。学術の権威は、幾百年、幾千年にわたる、苦しい戦いの成果である。こうしてきずきあげられた城が、一見して近づきがたいものにうつるのは、そのためである。しかし、学術の権威を、その形の上だけで判断してはならない。その生成のあとをかえりみれば、その根は常に人々の生活の中にあった。学術が大きな力たりうるのはそのためであって、生活をはなれた学術は、どこにもない。

開かれた社会といわれる現代にとって、これはまったく自明である。生活と学術との間に、もし距離があるとすれば、何をおいてもこれを埋めねばならない。もしこの距離が形の上の迷信からきているとすれば、その迷信をうち破らねばならぬ。

学術文庫は、内外の迷信を打破し、学術のために新しい天地をひらく意図をもって生まれた。文庫という小さい形と、学術という壮大な城とが、完全に両立するためには、なおいくらかの時を必要とするであろう。しかし、学術をポケットにした社会が、人間の生活にとってより豊かな社会であることは、たしかである。そうした社会の実現のために、文庫の世界に新しいジャンルを加えることができれば幸いである。

一九七六年六月

野間省一

鎌田茂雄著
観音経《かんのんきょう》講話

宇宙の根本原理を説く観音経のこころ。時代と地域を超えて信仰されてきた観世音菩薩。そして最も広く読誦されてきた観音経。道元や明恵などの仮名法語を引用しつつ、観音経典の真髄を平易に解説した好著。

1000

鎌田茂雄著
法華経《ほけきょう》を読む

諸経の王たる「法華経」の根本思想を説く。文学的にも思想的にも古今独歩といわれる法華経。わずか七巻二十八品の経典の教えを、日蓮は「心の財第一なり」といった。混迷した現代を生きる人々にこそ必読書。

1112

荒井　献《ささぐ》著
トマスによる福音書《ふくいんしょ》

キリスト教史上、最古・最大の異端グノーシス派によってつくられたトマス福音書。同書は資料的に正典福音書と匹敵する一方、同派ならではの独自なイエス像を示す。第一人者による異端の福音書の翻訳と解説。

1149

宮家《みやけ》　準《ひとし》著
日本の民俗宗教

従来、個々に解明されてきた民間伝承を宗教学の視点から捉えるため、日本人の原風景、儀礼、物語、図像等を考察。民俗宗教の世界観を総合的に把握し、日本の民間伝承を体系的に捉えた待望の民俗宗教論。

1152

小田垣雅也著
キリスト教の歴史

イエス誕生から現代に至るキリスト教通史。旧約聖書を生んだユダヤの歴史から説き起こし、イエスと使徒たちによる布教やその後の教義の論争や改革運動を、世界史の中で解説した。キリスト教入門に最適の書。

1178

山田　晶著（解説・飯沼二郎）
アウグスティヌス講話

アウグスティヌスの名著『告白』を綿密に分析し「青年期は放蕩者」とした通説を否定。また「創造と悪」の章では道元との共通点を指摘するなど著者独自の解釈が光る。第一人者が説く教父アウグスティヌスの実像。

1186

《講談社学術文庫　既刊より》

宗教

竹村牧男著
親鸞と一遍 日本浄土教とは何か

無の深淵が口をあけ虚無の底に降り立った中世日本に日本浄土教を大成した二人の祖師。信心と名号、全く対照的な思索を展開した両者の教えの精緻な読み込みを通して日本人の仏教観の核に鋭く迫った清新な論考。

2435

浅野裕一著
儒教 怨念と復讐の宗教

儒者たちにとって、最も厄介な書物は『論語』であり、最も困った人物は孔子だった！ みじめな人生を送った男のルサンチマンを刻み込み、東アジア世界の精神的紐帯として機能してきた不思議な宗教の正体と歴史。

2442

大谷哲夫全訳注
道元「宝慶記《ほうきようき》」

真の仏法を求めて入宋した道元禅師は、天童山でついに正師たる如浄に巡り会った。情熱をもって重ねられる問を受けとめる師の喜び。正しい教えを得た弟子の感激。八百年の時空を超えて伝わる求道と感激の書！

2443

マルティン・ルター著／深井智朗訳
宗教改革三大文書 付「九五箇条の提題」

記念碑的な文書「九五箇条の提題」とともに、一五二〇年に公刊され、宗教改革を決定づけた『キリスト教界の改善について』、『教会のバビロン捕囚について』、『キリスト者の自由について』を新訳で収録した決定版。

2456

秦　剛平訳
七十人訳ギリシア語聖書 モーセ五書

前三世紀頃、七十二人のユダヤ人長老がヘブライ語聖書をギリシア語に訳しはじめた。この通称「七十人訳」こそ、現存する最古の体系的聖書でありイエスの時代の聖書である。西洋文明の基礎文献、待望の文庫化！

2465

藤代泰三著（解説・佐藤　優）
キリスト教史

イエスの十字架から教会制度、神学思想、宣教などの変遷を、古代から現代まで描ききり、キリスト教史の枠組みのなかで日本のキリスト教を捉え直す。世界宗教の二〇〇〇年史をこの一冊で一望できる決定版！

2471

《講談社学術文庫　既刊より》